KB139367

문화는 우리를
어떻게 위로하는가

문화는 우리를
어떻게 위로하는가

초판 1쇄 인쇄일 2020년 8월 12일
초판 1쇄 발행일 2020년 8월 18일

지은이 김정욱
펴낸이 양옥매
디자인 송다희 임흥순

펴낸곳 도서출판 책과나무
출판등록 제2012-000376
주소 서울특별시 마포구 방울내로 79 이노빌딩 302호
대표전화 02.372.1537   **팩스** 02.372.1538
이메일 booknamu2007@naver.com
홈페이지 www.booknamu.com
ISBN 979-11-5776-935-3 (03180)

이 도서의 국립중앙도서관 출판예정도서목록(CIP)은
서지정보유통지원시스템 홈페이지(http://seoji.nl.go.kr)와
국가자료종합목록시스템(http://www.nl.go.kr/kolisnet)에서
이용하실 수 있습니다. (CIP제어번호: CIP2020033314)

문화는 우리를
어떻게 위로하는가

김정욱 지음

타인의 생각에 대한 생각을 읽을 수 있고 그것에 대해 또 생각할 수 있는 것은 우리에게 모두 '공감'의 능력이 있기 때문이다. 가끔 '동감'이란 글자와 혼란을 일으켜 상대와 나의 100%로 일치된 감정을 '공감(empathy)'으로 생각하기 쉬우나 '공감(sympathy)'은 서로 다른 차이를 '인정'할 때 이루어진다. 최근 '공감'에 대해 부정적 입장을 취하는 학자들이 있지만 그것은 공감과 동감에 대한 차이를 구별하지 않기 때문이다.

이 공감의 능력은 누군가 더 특별한 능력으로부터 발현되기보다는 서로 다른 차이를 인정하면서부터 점차 확대된다. 그 확대의 시작은 다름 아닌 '문화'이다. 문화는 내가 직접 경험하지 못한 혹은 체험하지 못한 제3의 것들을 느낄 수 있게 해 준다.

문화학을 강의하면서 가장 많이 듣는 이야기가 문화가 무엇이냐는 질문이다. 우리는 아침에 눈을 뜨면서부터 문화를 접하고 산다. 과거 '문명'으로부터 이어진 문화와, '문명'과 구분 짓기 위해 존재했던 문화의 규정은 현대 사회와 어울리지 않는다. 현대 사회의 문화는 대중문화도 혹은 특권층만이 누리는 특수문화도, 그도 아니면 소수나 다수의 집단만이 가지고 있는 문화도 아니기 때문이다.

현대 사회의 문화는 우리의 일상생활에 함께 있기 때문에 이것을 '생활세계'라고 부르는 학자들이 점점 늘어나고 있다. 나의 의도와 선택은 내가 직접 문화 속으로 들어가는 것이 아니라 문화 안에서 선택하는 것들뿐이다.

그렇다면 결국 문화 안에서 살아가는 우리는 문화의 '가치'와 '의미'를 찾는 데 귀 기울여야 한다. 이에 대해 혹자는 '가치'와 '문화'는 찾는 것이 아니라 생성하거나 구성하는 것이라고 말할 수도 있다. 하지만 그 생성에 대한 문화들은 과거 귀족들의 문명과 문화를 규정지었을 뿐, 문화 전체를 설명해 주지 못했다.

문화가 '서로 다르지만 같은 우리라는 것'을 보여 주는 것이 아니라면 문화의 존재적 당위는 설명하기 어려워질 것이다. 그래서 문화는 늘 우리의 생활세계에 이미 존재해 있으며, 우리는 그 문화를 매일 접하고 느끼며 산다. 매일 느끼며 살아가고 있는 문화를 우리가 문화로 받아들이지 못하는 것은 문화에 대해 느낀 것을 알려고 하지 않기 때문이다.

자신이 생활세계에서 느낀 그 막연한 느낌을 알아 가는 시간에 차라리 '체계'의 시스템 속에서 자신을 성장시키는 것이 훨씬 유익하다고 생각한다. 적어도 그렇게 그 '체계'를 따라가는 동안은 뭔가 명확한 생각마저 든다.

때문에 우리 주변에 문화가 될 수 있는 것들은 산적해 있지만 우린 모른 척한다. 어느 아침 트렌드에 기대여 마시는 커피보다는 자신이 정말 좋아하는 음료의 선택에 귀 기울일 때, 우리는 문화의 다양성을 느끼고 느낌을 알아 갈 수 있으며, 그 알아가는 과정과 결과 모두가 문화라는 것을 알게 될 것이다.

문화의 가장 큰 특징 중 하나는 서로 다른 우리이지만 서로 같은 우리임을 알 수 있도록 '차이를 통한 공감'을 만들어 주는 부분이다. 이러한 차이를 통한 공감은 특히 생활세계 안에서 쉽게 접하는 영화나 책, 드라마 등을 통해 많이 접할 수 있다. 그래서 이 책에서는 우리가 쉽게 접할 수 있는 영화나 책 등을 통해 현대 사회에서 느끼는 공허함과 소외감 또는 극도의 피로감을 만드는 원인과 해결 방안들을 찾아보고자 한다.

이 책을 통해 저마다 가지고 있는 '공감'의 능력을 찾아내어 자신의 위로와 위안뿐 아니라 타자의 고통에 대한 흔적까지 공감할 수 있으면 한다. 이를 통해 자신에게 더욱 혹독해진 현대 사회에서 자신을 조금 놓아주고 그 안에 서로의 위로와 사랑을 담았으면 좋겠다.

그에 따라 책의 구성은 우리가 현대 사회에 살면서 느끼는 감정을 '불안', '우울', '상실', '고독'으로 분류한 후, 그에 따른 문화적 접근을 통해 그러한 감정에 대해 위로받고, 내면의 생각을 더 깊게 할 수 있도록 나누었다.

　우선 우울한 감정은 현대 사회가 만들어 낸 '환경'에 의한 문제로 분류하고, 불안감은 자신을 제대로 알지 못하는 '존재'에 관한 문제로 바라보며, 상실감은 인간이 피해 갈 수 없는 죽음과 고통에 대한 '인식'의 문제로, 마지막 고독감은 이 시대에 꼭 필요한 것으로 모든 것들을 바르게 인식할 수 있도록 도와주는 '성찰과 정의'로 분류하였다.

　물질적 풍요 없이도 외부의 영향을 받지 않고 자신의 소신을 지켰던 딸깍발이 선비들처럼, 우리 시대에 자신을 올곧이 지키며 살아가는 모든 이들과 이 책을 나누고 싶다.

– 남촌 딸깍발이에서

김정욱

차례

1장

우 울 감 을 느 낄 때

현대 사회가 만든 환경에 의한 감정

잃어버린
'시간들'을 찾아서

『시간과 이야기』 폴 리쾨르, 1999
『시간의 향기』 한병철, 2013
『모든 순간의 물리학』 카를로 로벨리, 2013

시간에 대한 관념들을 살펴보며

우리가 밥 먹듯이 하는 말이 '시간이 없다', '시간은 돈이다'이다. 그런데 정작 시간은 눈에 보이지도 않고 뭔가 확인하고 싶어도 손에 잡히지 않는다. 그럼에도 불구하고 시간은 존재하며, 늘 우리 곁에 있다. 혹시 오늘 퇴근하면서 당신은 자신에게 이런 말을 하지 않았나?

"오늘은 하루를 너무 가치 없게 보냈어."

영어 학원을 등록했지만 오늘도 가지 않았고, 스포츠 센터 회원권을 끊었지만 일을 핑계로 운동도 하지 않았고, 또는 이런저런 핑계로 추진 중인 회사 업무의 획기적인 안을 만들지도 못하고, 오늘도 또 우울하다.

하지만 너무 걱정할 필요 없다. 가치가 없다는 것이 곧 의미가 없다는 것과 동일한 것은 아니니까. 여기서 말하는 '오늘 하루'는 우리가 늘 이야기하는 '시간'에 대한 부분이다. 가치는 합리주의자들에게 있어 절대적 용어이지만 가치가 '의미'를 만나면 다르게 존재한다.

현대인들이 가지고 있는 강박 중 하나가 어떤 행동을 하든 '합리적'이어야 한다는 것이다. 물론 합리성은 근대를 만든 가장 중요하고 위대한 요소이다. 하지만 이것이 '목적 합리성'으로 변질되면서 우리에게 과정에서 오는 의미는 사라지고 오직 결과를 통한 최종 합리성만을 신봉하게 되었다.

목적을 달성해도 회사나 다른 사람들과 비교해서 조금이라도 효율성이 떨어졌다면 그건 무조건 합리적이지 않은 결과로 치부된다. 그래서 우리는 우리 자신을 더욱 괴롭힌다. 더 합리적으로 살아야 한다고.

이런 잘못된 합리성에 가속도가 붙은 이유가 무엇인가. 여기에 현대인은 잘못된 '시간'의 개념을 추가하였기 때문이다. 그로 인해 스스로의 목을 더 죈다. 우리에게 시간은 시간만 존재하는 것이 아니다.

영원성을 잃어버린 시간

태초에 시간과 함께 영원성이 있었다. 하지만 사람들은 시간의 분석을 영원성의 배경에서 떼어 냄으로써 그 모순적인 특성을 부각시키게 되었다. 사람들은 영원성을 잃어버리거나 떼어 냄으로써 더욱 시간에만 목을 매게 되었다. 이는 필자만의 생각이 아니라 시간에 대해 고민한 프랑스 철학자 폴 리쾨르(Paul Ricoeur)의 지적이기도 하다.

그는 『시간과 이야기』라는 책을 통해 시간에 대해 아리스토텔레스(Aristoteles)와 아우구스티누스(Aurelius Augustinus)의 시간 개념부터 시작하여 다양한 시간의 인식론적 배경을 설명한다.

서로가 시계를 쳐다보며 느끼는 객관적 시간임에도 불구하고 누군가는 시간이 빠르게 흐른다고 느끼고 누군가는 천천히 흐른다고 느끼며, 누군가는 시간이 돈이라고 규정짓는다. 이처럼 나의 주관적 심리 상태로 느끼는 시간을 카이로스(Kairos)라 하고, 물리적 시간 혹은 객관적 시간을 크로노스(Kronos)라고 부른다.

우리는 시간을 영원성의 개념에서 생각하지 않고 단지 주어진 '시간'의 개념으로 접근하기 때문에 늘 '긴장' 상태의 현대인들이 되어 가고 불면증에 시달린다. '이완'은 오직 주어진 시간을 '알차게 소비했을 때' 느낄 수 있는 무엇으로 생각한다.

현대 사회에서 열심히 일하지 않으면 '이완'은 나태와 게으름의 다른 이름일 뿐이다. 그래서 '이완'을 느끼기 위해 미치도록 열심히 일하지만 '이완'의 시간은 우리에게 쉽게 다가오지 않는다.

시간에 대한 긴장과 이완

더 큰 '긴장'을 넘기고 나면 그 뒤에 더 큰 '이완'이 따라올 거라고 믿지만 쉽지 않다. 쉬고 싶다는 욕구를 채워도 우리는 다시 '이완'의 욕망에 사로잡힌다. 라깡의 이론처럼 욕망은 채워지지 않는 욕구의 나머지이기 때문에 우리는 늘 '긴장' 상태로 되돌아가는 것일까.

하지만 긴장을 뭔가 우리에게 떼어 내어야 하는 대상이 아니라, 시간의 흐름 속에서 이완과 함께하는 하나의 같은 움직임이라고 느낄 수 있다면 우리는 긴장을 밀어내기 위해 시간을 소비하는 것이 아니라 긴장 자체의 시간을 의미 있게 느낄 수도 있다.

이완이 긴장에 대한 시간을 소비하고 난 다음에 주어진 것이 아니라 이완도 시간의 흐름에 같이 존재하는 요소이다. 이처럼 시간을 소비의 개념에 견주는 것은 '시간은 돈'이라고 생각하며, 영원성이 없는, 언젠가 소멸될 무엇으로 인식하기 때문이다.

디지털시계로 보면 우리의 시간들은 잡을 수 없을 것처럼 휙휙 지나가지만, 아날로그시계로 보면 시간은 계속 영원이 돌고 있다. 계절도 마찬가지로 지나가는 것처럼 보이지만 사계절은 다시 우리에게 돌고 또 돌아온다.

영원성을 제외시킨 시간 속에 살고 있다면, 『시간의 향기』의 저자 한병철의 지적처럼 '느리게 살기'도 해결책이 될 수 없다. 한병철은 '활동적 삶'에서 '사색하는 삶'으로 나가야 한다고 주장한다. 틀린 말은 아니지만 우리가 사색하는 삶을 살지 못하는 이유의 원인이 '활동적 삶' 때문으로 생각하는 것은 조금 더 생각해 볼 문제이다. 그 이유는 활동하는 삶 역시 원인이 아닌 하나의 '증상'일 수 있기 때문이다.

그렇다면 무엇이 원인일까. 필자는 그에 대해 '가치'를 쉽게 받아들이고 '의미'를 버렸기 때문이라고 생각한다. 의미의 중심에 대한 상실은 활동적 삶에 대한 가치의 부여 때문이 아니다.

목적 합리성 과정에서 우리는 '가치'를 쉽게 얻고 '의미'를 버렸다. 그렇게 의미는 과거의 시간이 우리 전체의 시간임을 잊어버리고 상실할 때 잊게 된다.

과거를 통한 의미의 발견

한병철이 이야기한 '시간의 원자화' 또한 원인이 아니라 증상일 뿐이다. 진짜 원인은 우리가 가치라는 것을 합리성에 놓아주고 그 합리성은 과정을 잃어버린 채 목적에만 매달리기 때문이다. 그래서 우리는 가치를 잘못된 목적 합리성에서 찾으려하지 말고 '의미'에서 찾아야 한다.

과거, 현재, 미래의 시간에 대한 논리는 오직 현재 중심에 있으며, 그 현재도 과거와 현재, 미래가 연결되지 못한 채 붕붕 떠다니는 현재만 존재하는 것이 요즘이다. 때문에 현재는 과거와 미래의 연결 또한 불편하게 만든다.

이탈리아 태생의 물리학자 카를로 로벨리(Carlo Rovelli)는 『모든 순간의 물리학』이라는 책을 통해 이같이 말한다.

"아주 객관적인 상황에서는 '현재'가 존재하지 않는다."

상대성 이론이나 양자 역학을 접해 본 사람이라면 무슨 말인지 이해했을 것이다.

특수상대성이론의 측면에서 보면 속도가 빠른 곳에서는 속도가 느린 곳보다 시간이 천천히 흐르고, 일반상대성이론에서 보면 중력이 센 곳에서는 중력이 약한 곳보다 시간이 천천히 흐른다. 어찌 되었건 약 30만km/s의 빛의 속도보다 빠른 것이 없기 때문에 우리는 늘 과거에 사는 사람들로 볼 수 있다.

미래 지향적 사람들이라면 이게 무슨 뚱딴지같은 소리냐고 할 수 있겠지만, 우리가 생각하는 미래도 과거의 분석과 해석이 제대로 이루지 못한 무엇에 불과하다. 때문에 과거는 과거 이상의 의미를 가지게 된다. 그렇다면 현재는 무엇인가? 과거에 대한 부분을 제대로 인식하는 과정이다.

사색에 대한 다양한 정의가 있지만 이 과정을 필자는 진정한 사색의 삶으로 보고 싶다. 현대인들이 시간에 얽매여 사는 이유는 이 과거에 대한 제대로 된 해석의 시간을 갖지 않고 미래로 나가려 하기 때문이며, 예측이 맞아떨어져도 자신의 이해 과정이 없는 대상에 대한 예측들은(그것 또한 부분적 과거를 기반으로 이루어진 것이지만) 자신의 존재적 불안에 대한 인식을 키울 뿐이다.

TV에서 어느 한 교수가 한 말이 기억난다.

"은하계의 시간으로 계산하면 인간은 *4*초 정도 살다 가는 셈이다."

정말 객관적인 시간이 존재하는 걸까. 카를로 로벨리(Carlo Roveli)는 자신의 중심에서 결정하고 바라볼 수밖에 없다고 전한다. 때문에 우리는 과거에 대한 부분을 제대로 인식하는 과정을 가지려고 스스로에게 더 노력해야 한다. 누구는 미래 지향적인 사람이고 누구는 과거에 뒤쳐져 사는 실패자가 아니라 모두 과거 '속'에서 사는 사람들이다. 이럴 때 사색의 삶은 '의미'를 만들고 '가치'를 놓치지 않게 한다. 그 가운데 우리는 오늘 퇴근하는 우리 스스로에게 진정한 위로를 전할 수 있게 된다.

"오늘도 고생 많았어."

너의 잘못이
아니야

『새로운 빈곤』
지그문트 바우만, 2010

간혹 이성인 누군가를 소개받을 때 과거에 묻는 첫 질문은 '그 사람 직업이 뭐야?'가 절대적이었다. 하지만 최근에는 '그 사람 차는 뭐야?', '집은 있어?', '해외 연수는 갔다 왔어?', '영어는 좀 하니?'라는 질문들이 더 무게감 있게 다가선다.

이유가 뭘까? 사회학자들은 대략 두 가지 부분으로 최근 현상을 해석하고 있다. 하나는 직업에서 주는 안전망이 사라진 까닭으로 보고, 다른 하나는 감각적 소비에 길들어 있는 탓으로 보고 있다. 하지만 이 둘은 별개의 요인이 아니다.

과거에 소위 '사'가 들어간 의사, 검사, 변호사 등의 직업은 절대적 선호와 선망의 대상이었다. 하지만 지금은 의사나 변호사나 회계사 등도 자본 논리로 돌아간다. 쉽게 말해 대기업이나 거대 자본에 속해 살고 있는 '사'들은 여전히 선망의 대상이지만 일반 '사'들은 다른 직업과 마찬가지로 스스로 고객을 찾거나 유치해야 하는 고달픈 '직업'이다.

과거에 직업을 물었던 이유는 그 직업으로 안정된 미래를 함께 '생산'하자는 의미가 담겨 있었기 때문이다. 하지만 현대 사회는 미래에 대해 함께 무엇을 '소비'할 수 있는지가 관건이다. 사회학자 지그문트 바우만은 그것이 '생산'의 시대에서 '소비'의 시대로 돌아섰음을 의미한다고 밝힌다.

어찌 되었건 요즘 사람들은 과거 사람들보다 직업만으로 그 사람을 판단하지는 않는 것 같다. 어느 자동차 광고처럼 당신에 대해 일일이 설명하지 말고 그냥 이 '차'를 타라고 권한다. 남성들이 '차(car)'라면 여성들은 아마도 '백(bag)'일 것이다. 샤넬, 구찌, 프라다 등의 소비를 통해 자신의 라이프스타일을 보이고 싶어 한다.

'사'자가 들어간 직업군의 사람들은 '실업' 상태가 되어도 아직 소생의 기회들이 얼마든지 있다. 전문직으로서 그 직업군 자체의 변화는 없다는 의미다. 문제는 그 이외의 사람들이다. 지그문트 바우만은 최근 일어나고 있는 실업의 현상을 과거와 비추어 본다.

과거의 '실업'은 불황에서 벗어나면 언젠가는 다시 취업할 수 있는, 잃어버린 것을 다시 찾을 수 있는 것을 뜻했지만 현재 '실업'은 '최하층 계급'으로 떨어질 수 있는 위험이 너무 높다고 지적한다. 그러면서 그는 특히 전문직이 아닌 노동자 계층에서 이런 확률이 점점 높아진다고 전한다.

예를 들어 대기업 노동자들의 경우 대기업에서 실직하면 중소기업으로 재취업을 하고, 중소기업에서 실직하면 영세기업으로 들어갔다가 그마저도 끊어지면 파트타임제로 돌아선다. 이제 파트타임제로 들어서게 되면 실직을 하여도 오직 끝없는 파트타임 사원으로 취업하게 되고 상층부의 직업군 계층 이동은 일어나기 어려워진다. 그래도 우리는 큰 불만 없이 일해야만 한다. 그것은 무언가 '생산'하기 위함이 아닌 무언가 '소비'해야만 하기 때문이다. 이상한 사람으로 분류되지 않기 위해.

 '소비'를 제대로 하지 못하는 사람들은 현대 사회에서 이상한 사람으로까지 취급받는다. 가령 스마트폰을 예로 들어 보자. 최근 들어 스마트폰이 널리 퍼지면서 노령인구를 제외하고는 스마트폰을 사용하지 않는 사람들이 거의 없다.

 그래서 스마트폰을 사용하지 않는 사람들은 시대에 뒤떨어진 사람 취급을 받거나 심지어 무능력한 사람으로까지 오해받는다. 스마트폰을 구입할 능력이 없어서가 아니라 자신의 소신으로 구입하지 않는 사람까지도 동시대를 사는 사람으로 뭔가 고리타분하고 이상한 취급을 받기 십상이고, 이런 쓸데없는 오해들을 피하고자 우리는 스마트폰을 '소비'해야 한다.

 여기서 우리는 위에서 언급한 '최하층 계급'의 의미를 다시 한 번 상기해 보아야 한다. 최하층 계급은 무엇인가? 이 용어는 군나르 뮈르달(Gunnar Myrdal)이 1963년 탈산업화가 수많은 이들을

영구히 실직자로 만드는 위험한 사회를 경고하기 위해 사용했다고 바우만은 전한다. 그에 따르면,

"실직의 이유는 실업자가 된 이들의 무능력이나 도덕적 결함 때문이 아니라, 순전히 일자리가 필요하고 일자리를 바라는 모든 이들에게 돌아갈 일자리가 부족한 탓이다."

소비주의 현대 사회에 와서는 이 '최하층 계층'의 범위가 훨씬 넓어졌다는 데 더 큰 문제가 있다. 이전에는 단순히 일자리가 없는 사람들을 이야기했지만 1977년 8월 미국의 타임지는 '최하층 계층'을 비행 청소년, 미혼모, 폭력범, 방화범, 마약 밀매상, 거지 등으로 확대했다고 책은 지적한다.

이 안에는 두 가지 위험한 논리가 있는데 첫째는 소위 범죄자가 아닌 미혼모나 돈이 없는 사람들까지 이 분류에 들어간다는 것이다. 바우만은 둘째 이유를 매우 심도 있게 전하는데 이런(최하층 계급으로 몰락한) 사람들은 가난에서 벗어나기 위해 해야 할 일을 하지 않았거나, 못했기 때문이라 해도 그것은 모두 전적으로 그들의 선택이 된다. 마치 최하층 계급으로 몰락하여 계속 그렇게 사는 것이 선택의 문제인 것처럼.

여기서 소비주의와 가난의 공통점을 찾는다. 바로 '선택'이라는 부분이다. 소비주의는 이미 노동도 노동(work)과 노동시장

(labour market)으로 분리해 놓고 노동을 이야기할 때 오직 '유급 노동'만을 취급한다. 이런 상황은 가사 노동을 하는 무임 노동의 여성들에게 가사 노동은 '노동'처럼 보이지 않게 만들었다. 이런 구조는『82년생 김지영』에서도 나타나듯이 무임 가사 노동자들의 소비는 '맘충'으로 동일화된다.

이제 노동은 유급 노동과 유급 노동을 통해 소비하는 노동자만을 정상인으로 만든다. 필요한 것을 생산하므로 소비할 수 있는 게 아니라 소비하기 위해 무조건 생산하는 것이다.

최근 취업 전선에서 밀려난 실직자들을 사회가 다른 시각으로 보는 것은 생산할 수 있는 능력이 없어서가 아니라 소비할 수 있는 능력이 없어서이다. 실직한 어떤 지인 하나는 집 안에 있을 때는 모르겠는데 밖으로만 나오면 우울하다고 토로한다.

그 이유는 밖에 나오면 이것저것 살 것이 즐비한데, 아무것도 사지 못하는 자신에 대해 상대적 박탈감을 느끼기 때문이라고 한다. 바우만은 이런 소비주의를 '노동윤리'와 연결시켜서 더 많은 의미를 전개해 나간다. 만약 이 전개 방식이 궁금하다면『새로운 빈곤』이라는 책을 읽어 보길 바란다.

추운 겨울이 지나가면 봄이 움튼다. 따뜻한 봄은 누군가만이 누릴 수 있는 특권이 아니라 우리 모두의 봄이다. 거대 소비주의 사람들만이 성공한 것처럼 보이는 사회에서 너무나 적은 급여를 받고 있거나, 아직 취업을 못했거나, 실직해서 선택을 하

지 않거나 선택한 것들을 소비할 수 없는 그들에게 자연과 책은
전한다.

"너의 잘못이 아니야(*It's not your fault*)."

'자선'이 아닌
'자신'을 위하여

영화 〈늑대소년〉

A Werewolf Boy, 2012

왜 타인과 사이좋게 지낼 수 없을까

예전에 한 지인이 병원에 입원했을 때였다. 다인실(多人室)을 이용하고 있었는데 옆에 한 환자는 긴 호스를 이용해서 목에 있는 가래를 수시로 뽑아내야 하는 사람이었다. 내가 마침 도착했을 때 그 옆에 있는 다른 환자의 보호자로 보이는 아주머니가 큰소리를 내고 있었다. 이유는 '저런 더러운 사람'과 함께 이곳을 사용할 수 없다며, 저 환자를 다른 병실로 보내 달라는 것이었다.

오래전 일이다. 한 여성이 맹인견을 데리고 화장실에 들어오자 더럽게 개가 화장실에 들어왔다며 옆에 한 여성이 그 여자에게 핀잔을 주었다고 한다. 그래서 그 여성은 자신이 맹인이라 자신을 안내해 주기 위해 들어왔다고 설명했다. 그러자 핀잔을 준 여성이 그건 '그쪽 사정'이라는 식으로 말했다고 한다.

    사회가 발전해 가고 지속적인 문명화 과정에 있다고 하는데
우리는 왜 이토록 타인과 사이좋게 지낼 수 없는 것일까? 이런
생각이 들 때 예전에 보았던 영화 〈늑대소년〉을 다시 보게 되
었다.

    이 영화는 폐병 환자로 요양차 시골로 내려온 주인공 여자아
이 순이(박보영)가 전쟁에 투입할 목적의 실험용으로 사육되어
온 늑대소년(송중기)을 만나면서 시작된다. 늑대소년은 순이의
지속적인 관심과 사랑을 통해 공격적이고 본능적인 모습에서
점차 한 인간으로 변해 간다.

    영화 〈늑대소년〉이 재미를 주는 요소는 단순히 멋진 배우들
이 등장하기 때문만이 아니다. 일견에서는 이 영화에 대해 동
화적 내용이라거나 너무 뻔한 스토리라며 평가 절하하는 소리
도 있었지만, 영화에서 보여주는 대사 하나하나가 우리에게 주
는 울림은 그리 가볍지 않다.

    영화의 도입 부분을 보면 주인공 여자아이는 폐병이라는 '질
환' 때문에 자살까지 생각하는 우울한 삶을 살아간다. 그러다
늑대소년을 만나고 그와 다양한 것들을 즐기고 나누면서 자신
의 삶에 대한 의지가 점차 긍정적으로 변화하고 회복될 수도 있
다는 '질병'의 인식이 내면에 자리 잡는다.

낯선 타인을 의식하기

영화를 얼핏 보면 여자아이가 늑대소년을 한 인간으로 만들어 놓은 것처럼 보이지만 결국 수혜자에는 늑대소년만이 아니라 여자아이 자신도 포함된다. 이것이 이 영화에서 주는 매력의 첫 번째 요소이다.

두 번째는 늑대소년과 오랫동안 헤어지고 나서 할머니가 되어 나타났을 때 주인공 여자의 인상 깊은 대사다.

"그동안 난 맛있는 것도 먹고 놀기도 잘 놀고 다른 남자 만나서 결혼해서 애도 낳았어."

인생의 황혼의 나이에 와서 한 자기 고백적 언어는 매우 인상 깊다.

우리는 우리가 즐기는 일상생활의 소소한 기쁨의 요소를 늘 당연한 것으로 생각할 수 있다. 하지만 주인공 순이가 맛있는 것도 먹고, 잘 놀고, 다른 남자 만나서 결혼한 것을 미안하게 느끼는 것은 '늑대소년'을 의식했기 때문이다. 좀 더 나은 환경만을 의식하고 추구했다면, 맛있는 것도 별로 맛있게 느껴지지 않았을 것이고 남들 다하는 결혼도 그렇게 미안한 대상이 될 수 없다.

세 번째 이 영화의 매력 포인트는 의식을 넘어 행동으로 실천하는 모습이다. 여자 주인공은 나이가 들어 자신의 예전 집을 찾았을 때 '늑대소년'이 자신의 인생을 잘 살아갈 수 있는 공간을 남겨 주기 위해 몇 배가 오른 자신의 집을 처분하지 않고 그대로 둔다. 자신이 생각하기에 충분히 먹고, 놀았다면 남은 것들은 다른 사람을 위해 남겨 놓는 배려의 모습을 보여 주고 있다. 이익이 되고 합리적인 것이라면 늘 우리는 '사고', '판다'.

합리적이라면 얼마든지 사고파는 것에 익숙한 우리에게 그래서 어쩜 이 영화가 '동화'처럼 또는 비현실적으로 보였을 수도 있다. 가격이 엄청나게 오른 집, 이 시기를 놓치면 더 좋은 가격을 받지 못할 수도 있는 상황에서 주인공 여자의 거두절미한 말 한마디 '안 팔아요!'의 외침은 우리의 기억에 오래 남는다.

문명보다 존재에 대한 인식이 필요

마지막 매력 포인트는 〈늑대소년〉이라는 대상이 정말 동화 속에서만 존재하는 인물이 아니라 우리 주변에 늘 있을 수 있는 존재라는 것을 상기시킨다. 일반적으로 우리가 갖는 늑대소년에 대한 생각은 '문명'과 멀어진 이미지다.

그러나 소위 '문명'이라는 것이 정말 우리 서로를 이해하게 만들고 화합하며, 소통하게 만들었는가. 여기서 소녀와 소년이 소통하고 화합할 수 있게 되는 결정적 원인이 늑대소년이 문명화되었기 때문이 아니라 서로 관심과 배려 속에서 의지할 수밖에 없는 '존재에 대한 인식' 때문이었다. 서로에 대해 가까워지는 과정도 도구적 이성과 합리성으로 무장한 '문명'을 통해서가 아닌 서로 함께 뛰어노는 '놀이' 속에서 이루어진다.

결론적으로 영화에서 늑대소년은 문명화되어 문명사회의 한 구성원이 되는 존재로 끝나지 않는다. 그는 순이와 서로에 대한 '교감'의 과정을 자신 전체의 삶으로 살아가고 있는 것이다.

사람들은 갈수록 삶이 팍팍해진다고 말하고 있다. 갈수록 '그쪽 사정'이라는 말이 아무렇지 않게 흘러가는 세상이다. 우리가 조금만 관심을 갖는다면 우리 주변에 '늑대소년'은 얼마든지 만날 수 있다.

그리고 그들에 대해 혹 우리가 무언가를 가르치거나 교정해야 할 대상이 아닌 우리와 소통하고 서로 의지할 수 있는 존재로 느낄 때, 우리가 베푸는 것이 '자선'이 아닌 '자신을 위한 것'임을 우리는 깨닫게 된다.

교차된 우리의 감정에 대한 정체 파악하기

ㅣ 드라마 〈고백부부〉

ㅣ 2017

    최근 한 지인이 나에게 드라마를 추천했다. 〈부부의 세계〉 정도의 드라마인가 싶어 또 평소 드라마를 즐겨 보지 않는 탓에 그냥 흘려듣고 말았는데, 얼마 전 그 지인을 다시 만나 그 드라마의 소감을 나에게 물어봤다. 솔직히 드라마를 별로 좋아하지 않는다고 말하니까, 그 지인은 꼭 1회만이라도 보라고 거듭 강조했다. 그 드라마의 1회를 보자 나의 맘이 바뀌기 시작하여 전체 12회를 다 보게 되었다. 바로 〈고백부부〉다.

    '고백'은 영어의 'go, back'을 뜻하기도 하지만 실제 고백이라는 의미도 함축적으로 담겨 있다. 간단히 줄거리를 설명하면 어린 아들 하나를 두고 있는 장나라(마진주 역)와 손호준(최반도 역) 부부는 현실에서 많이 부딪히며 살아간다. 대학 때 서로 사랑해 결혼했지만 서로에 대한 불신과 오해로 점점 사이가 멀어지고 결국 이혼하자는 이야기까지 나온다.

    장나라가 매우 슬픈 표정으로 울면서 읊조린 대사가 시청자들의 가슴을 아프게 했다.

"네가 어떻게 나한테 이렇게 할 수가 있어. 어떻게 이래! 이혼해! 너무 불행해 우리. 나 너무 불행하다고……."

서로의 오해 속에서 남편이 바람을 피우는 줄 알고 울부짖으며 아내가 말한 대사다. 둘은 결국 이혼 직전까지 가게 되고 합의 이혼의 절차를 마친 후 자신들도 모르게 대학 때로 돌아간다. 그리고 그 과거로 돌아간 부부는 서로에게 하지 못했던 이야기들을 '고백'하게 된다.

남편 최반도는 어쩔 수 없이 장모님의 임종을 자신 때문에 못 보게 된 장나라에게 자신도 돌아가신 장모님을 너무 보고 싶다고 절규한다.

"난 왜 이 모양이냐. 한 번도 진심이 아니었던 적이 없는데, 죽어라 노력했는데……. 왜 맨날 죄송하고 미안하고 그렇게 살아야 하냐?"

자신과 서로의 감정을 알아보지 못했던 것이 원인

서로가 서로의 감정을 알아보지 못했던 것은 우리가 지금까지 관계 맺고 살아온 과거를 잊고, 오직 현실에만 매달려 살아가기 때문이다. 그들이 단지 과거 대학 때로 돌아가 서로 사랑했던 감정을 확인한 것만으로 드라마는 의미를 담지 않는다.

현실에서 '고백'하지 못했던 수많은 자신들의 감정들을 오롯이 담아 당시는 현실이라 말해지 못했던 것을 괴기라는 시공간을 통해 진심을 전하고 있다. 드라마는 단순히 과거의 되돌아봄이 아닌, 제대로 돌아본 과거는 현재와 미래도 바꾸어 놓을 수 있다고 말한다.

현재와 미래를 바꾸는 것은 역설적으로 그때 행했던 우리의 모습을 바꾸는 것이 아니라, 그때 이루어졌던 우리의 '감정'을 확인하는 것이다. 때문에 삼류 영화처럼 과거로 가서 자신이 누려 보지 못했던 무엇을 하거나 과거의 잘못된 부분을 고치기 위해 분주히 돌아다니는 드라마로 남지 않고 '과거를 통해' 자신의 감정을 확인하는 것이다. 드라마의 가장 큰 핵심은 우린 제대로 과거를 본 적이 없었다고 말하는 부분이다.

감정의 확인이 왜 필요한 걸까? 그것은 단순한 감정의 확인이 아닌 교차된 감정의 확인이기 때문이다. 이러한 확인 작업은 결국 마진주와 최반도 자신들의 '정체'를 확인하는 작업이기도 하다.

현재라는 현실에서 서로의 교차된 감성을 느끼지 못했던 이유는 서로를 알아 가기 이전에 자신의 감정 상태를 살피고 알아보지 않았기 때문이다. 그저 현실이라는 이유에 밀리거나 그 현실을 쫓아가다 보니 내 현재의 감정 상태가 어떤 것인지 살피고 이것에 대해 말하기보다는 현재 나 자신의 '현실 상태'로만 이야기하게 된 것이다.

왜 자신의 감정 상태를 살피지 않고 현실 상태로 말하는 것일까? 그것이 현대인들이 느끼는 공통된 부분이라 생각하기 때문이다. 요즘 젊은 부부들이 결혼하고 각자의 일터에서 일하면서 같이 나누는 대화란 '다른 사람의 일상' 이야기나 '재테크' 이야기가 전부다. 이것이 우리의 공통된 주제라고 생각하는 것이다.

하지만 진정한 우리의 이야기를 나누기 위해서 우리는 우리 안에 느끼고 있는 자신의 감정에 대해 파악해야 하고 그 감성에 귀 기울여야 한다. 서로의 교차된 감성으로 인해 최반도와 마진주가 서로 사랑하게 되었고, 부부가 되었다. 그런데 현실에서 그들은 각자 사회에서 주어진 역할에만 충실할 따름이다.

서로의 교차된 감성은 마치 과거의 한순간 확인할 바 없는 증류처럼 보내어 버리고, 현실에서는 마진주에게 주어진 육아 전쟁과, 최반도에게 맡겨진 생계를 위한다는 이유가 그들의 인생

전부인 것으로 생각하게 된다. 물론 이것이 어찌 중요하지 않겠는가. 그러나 최반도가 말했던 것처럼 '한 번도 진심이 아니었던 적이 없는데, 죽어라 노력했는데' 결국 서로가 서로를 위한다고 행했던 일들은 이혼이라는 결과를 낳게 했다.

그럼 이혼하게 된 원인이 과거에는 서로 감정의 교차가 있었고, 지금은 없었기 때문일까. 부부가 사랑해서 결혼하고, 함께 살아가는데 어찌 현실에서도 서로의 감정이 교차 없이 살아가겠는가. 다만 그들이 교차하였던 감정을 확인하지 않고, 자신의 '정체'를 잃어버린 채 세상이 던져 준 공통된 삶의 방식에만 빠져 살아왔기 때문이다.

서로 다른 환경의 집안에서 자랐지만 그들이 사랑을 할 수 있었던 가장 큰 이유는 자기 자신이라는 존재의 인식을 통한 자신만의 감정을 먼저 이해하고 그런 각각의 감정이 누구에게 일방적으로 빠져 함몰되거나 한쪽의 감정에 치우쳐 넘어가지 않고 각각 그대로 교차했기 때문이다.

이미 교차된 정체를 살피고 자신의 '의지'의 의미를 파악하기

이 정체를 살피고 알아 가야 우리는 자신을 제대로 이해할 수 있으며, 상대를 이해할 수 있다. 우리는 곳곳에서 얼마든지 감정이 없었던 적이 없지만 마치 감정 없이 사람을 대하고, 일하며, 자신의 감정을 최대한 드러내지 않는 것을 최고의 이성인 것처럼 오인하고 살아간다.

때문에 내면을 통한 정체성의 확인 과정 없이 진행되어 온 결과, 우리는 '의지'를 잘못 이해하고 의지해 왔다. 마진주와 최반도가 서로의 엄청난 힘든 감정 상태에도 불구하고 꾹 참으며 살았던 것은 '의지' 때문이다.

이 의지라는 것을 우리는 종종 잘못 이해하고 있다. 우리가 살면서 생각하는 의지는 내가 싫어하지만 그래도 어쩔 수 없이 해야 한다는 must나 should의 개념으로 이해되고 있다. 하지만 의지는 want가 되어야 하며 그 개념으로 인식해야 한다.

내가 나의 의지라 함은 내가 하고 싶은 것을 하는 것이어야 한다는 의미이다. 내가 하고 싶은 것이 무언인지 정체도 모른 채 그것을 하다 보면 우리의 감정은 어쩔 수 없이 그것을 그저 행하기 위해 잘못된 '의지'의 개념에 기대게 된다.

자신의 의지에 앞서 내면을 통한 정체성의 확인이 가장 먼저다. 하지만 도구적 이성과 목적 합리주의는 이것을 망각하게 하고 목적성에 의한 '의지'와 결심을 끊임없이 생성하게 만들었다.

그래서 우리는 큰 생각 없이 자신의 '의지'만 생각하게 되었고, 이에 따라 '의지'만 있으면 된다는 결론에까지 이르게 된다. 베이컨이 이야기한 '아는 것이 힘이다'라는 논리도 나를 알기 위해 '아는 것'이 필요한데, 여기서 주체의 정체는 사라지고, 오직 아는 것은 힘이라는 명제를 통해 힘을 키우기 위해서 '아는 것'이 필요하게 되는 모순에 이르렀다.

이러한 과정에서 인식한 것까지도 '교차'라고 오인하게 되었고, '교차는 좋은 것'이라는 것을 자꾸 더 모순으로 만들어 '교차'의 진정한 의미가 훼손된 현실에 이르렀다. 이 과정에서 힘이 곧 지식이고 이것이 아는 것이며, 이것이 근대이고, 이것이 문명이고, 이것이 과학이라는 것들로 환원하여 사라진 주체 안에 모두 동일한 생각을 만들게 되었다.

마진주와 최반도가 마지막에 서로 재결합할 수 있었던 것은 단순히 과거의 서로 교차된 감정의 확인을 넘어 현재에서 여전히 자신들이 각자의 감정 속에서 교차된 사랑을 하고 있었다는 정체를 확인했기 때문이다.

요즘 가정에 혹은 소속된 집단에 문제가 있다고 생각된다면, 먼저 자신의 감정을 이해하고 그다음 과거의 것들을 돌아보자. 그 안에서 서로 각자의 존재를 이해하며 교차했던 부분들의 정체를 밝혀 보길 바란다. 그럴 때 현재도 여전히 우린 교차되고 있었음을 인식하고, 서로를 이해할 수 있는 단초들을 찾을 수 있을 것이다.

사랑의 숭고함에 대한
부활을 꿈꾸며

영화 〈연애의 목적〉

Purpose Of Love, 2005

'사랑하는 것'과 '좋아하는 것' 사이

우린 종종 시쳇말로 '살면서 연애 한 번 안 해 본 사람이 어디 있냐?'고 말한다. 그만큼 연애는 일반적이다. 하지만 혹자는 연애의 아픔으로 인해 자살까지 하니 연애는 주관적 성격을 지니며, 그 무게가 그리 가볍다고 말하기 어렵다. 그럼 이 무게는 어떻게 생성된 것인가.

이 무게는 수많은 세월을 거쳐 내려온 사랑에 대한 '정의'와 무관하지 않을 듯하다. 그렇다면 우린 그 정의를 그대로 받아들일 수 있는 것인가? 그 즈음에 영화 〈연애의 목적〉이 있다.

대학 때 '홍'(강혜정)과 사랑을 나누었던 학교 선배(조교)는 자신의 목적(교수 임용)을 달성하기 위해 홍을 자신의 스토커로 만들어 버린다. 이러한 아픔을 품고 있는 홍은 사랑을 불신하며 깊은 상처를 안은 채 살아간다.

그러던 중 교생 실습 때문에 만난 담당 교사 유림(박해일)에게 홍의 마음이 점차 변하기 시작한다. 각자 애인이 있는 그들의 만남은 영화 속 내내 아슬아슬하며, 위험하게 전개됨에도 불구하고 익살스럽고 안타깝게 다가선다.

이 과정에서 유림은 '사랑하는 것'과 '좋아하는 것' 사이에 '사랑'이 '좋아함'의 상위 개념이 아님을 말하고 있다. 홍과 유림이 벌이는 실랑이 장면이나 홍과 유림이 술집에서 대화하는 장면에서 홍은 유림에게 지금의 여자 친구를 사랑하느냐고 묻는다.

"홍 선생은 좋아하고 여자 친구는 사랑한다."

홍의 질문에 대한 유림의 대답이다. 그러면서 자신의 여자 친구보다 더 많은 관심과 애정을 표현하는 홍에게 사랑보다 좋아하는 것이 자신한테 더 중요한 것임을 간접적으로 강조하고 설명한다.

이미 인류가 지향해 온 사랑의 기표는 사회성, 정치성, 경제성 등에 의해 너무 오염되어 그 의미가 퇴색되고 있다. 이에 따라 '사랑'이 마치 인류의 최상위 개념처럼 보이지만 현대 사회의 사랑은 '좋아함'이라는 하위 개념을 충족시키지 못하고 있다.

유림이 홍의 집에서 우연히 듣게 되는 녹음테이프 장면에서 홍은 옛 애인에게 사랑에 대한 무가치성을 내던지고 있었다.

"선배, 나 사랑한다고 했잖아요. 어떻게 저한테 이럴 수 있어
요."

연호(홍과 결혼할 의사)의 동창 모임에 다녀온 후 나누는 홍과
유림의 대화에서도 유림은 홍에게 묻는다.

"너 아직도 그 사람 좋아하지?"

홍이 괴로워하고 있는 것이 사랑 때문이 아닌 좋아함 때문임
을 비춘 것이다. 즉 괴로워하는 미련의 이유가 사랑이 아닌 좋
아함이라며, 영화는 지속적으로 '좋아함'은 '사랑'의 하위 개념
이 아님을 방증하고 있다. 연호가 자신의 친구들 앞에서 홍을
부잣집 딸로 둔갑시킨 것도 사랑이 사회성, 정치성, 경제성 등
에 오염되고 있음을 보여 주는 것이다.

사회적 거리에서 밀려난 약자

영화는 홍과 대학 선배나 유림의 관계를 통해 사회의 구조적
문제점을 지적하고 있다. 이미 선배인 조교는 '홍이 스토커다'
라는 말 한마디를 통해 캠퍼스(사회)로부터 홍을 추방시킨다. 유

림과의 관계에서도 사람들은 정규직 교사라는 기득권에 위치한 유림의 말을 믿으며, 홍의 말에 귀 기울이려 하지 않는다.

이때 통용된 것이 홍의 '거짓말'(유림이 자신을 성추행했다는 증언)이다. 사회적 거리에서 밀려난 약자는 진실이 사라진 또는 진리가 보이지 않는 사회에 자신의 목소리를 전달하기 위해 거짓말을 쓸 수밖에 없다는 역설을 보여 준다. 이를 통해 사회적 진실이 얼마나 약자와 멀어지고 있는가를 보여 주는 동시에, 그 구조적 문제가 기득권 계층과 멀지 않음을 드러내고 있다.

사랑이 권력에 이용당하고, 정치화되며, 경제적 인식 속에서 생성되고 있는 원인은 무엇일까? 아마 그 원인은 그동안 우리가 이성적 합리주의 속에 키워 왔던 사랑의 정의에 있을 것이다.

'사랑한다면 어떻게 해야 한다'는 정의 때문에 연애에도 합리적 목적이 필요로 하게 된다. 어떤 궁극적 목적을 이루기 위한 수단의 합리성에 익숙한 우리에게 만약 그 수단의 이유를 묻는다면 우리는 매우 당황해할 것이다. 너무나 목적만을 의식한 나머지, 수단 또는 과정이 목적을 대신할 수 있냐는 질문 또한 우리를 무력하게 만들 수밖에 없다.

때문에 홍은 마지막 시퀀스(sequence)에서 유림에게 '같이 살래?'가 아닌 '같이 잘래?'로 표현하고 있다. 에토스의 지속적 사랑의 본질적 의미를 혼동하는 현대인들에게 어떤 감정에 충실한 파토스마저 잃어버리지 말라는 의미의 표현이다.

영화는 실제 즉각적인 잠자리(sex)를 강조한다기보다는 과정 자체가 필요하다는 설명을 하는 것이다. 홍이 깨달은 것은 결과가 주는 '목적'이 아니라 '순간'들로 이루어지는 과정의 중요성이다. 변질된 사랑의 회복은 이제 결과가 아닌 과정에 위치한다.

그러나 사랑이라는 것이 정말 이렇게 많이 변질된 것일까? 아마도 언어적 혼용 속에서 본질적 의미를 찾지 않고 당대 사회화된 사랑이라는 용어를 사용하고 있기 때문일 것이다. 가부장적 사회의 과거에는 '사랑'이라는 단어가 특히 아버지가 자식들에게 잘 사용하지 않는 단어였기에 이 단어에 집착하는 사람들이 많았다.

하지만 현대 사회는 오히려 '사랑'이라는 단어의 과잉으로 인해 마치 '밥 먹었어?'라는 인사처럼 행해지고 있다. 물론 이것이 주는 긍정의 의미도 있겠지만 의미를 살피지 않는 사랑의 단어는 도구적 이성처럼 타인을 '물화'시키고 한낱 사물에 지나지 않게 변질되어 버릴 수 있다.

사랑의 숭고함에 대한 부활을 꿈꾸며

우리가 사랑이라는 것을 할 때 가장 숭고하다고 이야기하는 것은 그 대상이 자식이든 애인이든 부부이든 간에 '자신처럼' 생각하기 때문이다. 사랑하는 사람에게 목숨을 걸 수 있는 것도 바로 자신처럼 여기기 때문이다.

그럼 이 '자신처럼' 생각하는 것이 단숨에 바로 이루어질 수 있는 것인가? 자식을 사랑하는 것에는 이미 배 속에서 1년이라는 시간을 함께 보낸 시간들이 포함되어 있다. 또한 남녀 간의 사랑에는 시간을 넘어 '강도'가 존재한다. 하지만 현대 사회는 처음 본 사람에게 좋아하면 그냥 사랑한다고 말해 버리는 상황으로 변하고 있다.

때문에 영화가 보여 주는 메시지는 좋아하는 것과 사랑하는 것의 시간적·공간적·상황적 '차이'를 두고 살펴보기를 권하는 것이다. 내가 누군가를 만났을 때 바로 사랑한다고 말하기 전에 충분히 먼저 좋아했는지 살펴보고 그 가운데서 다양한 서로의 감정을 확인하고 인식한 후에 사랑이라는 말을 전해도 좋지 않을까?

사랑은 사랑이라는 단어 때문에 숭고한 것이 아니라 사랑이 오랜 세월 동안 보여 준 숭고한 역사와 '강도' 안에 있기 때문이다. 이러한 과정을 무시한 채 그저 끌림이 있는 대상이 나타날 때마다 즉각적으로 사랑한다고 말해 버리는 순간, 그 사랑이 쉽게 깨지고 부서지며 그때 우리는 '사랑이 그렇지 뭐'라는 대답만 할 뿐이다.

인류가 지향해 온 삶 속에서 사랑은 그 무엇보다 숭고한 것이다. '결핍'의 시대에서 '과잉'의 시대로 옮겨진 현대 사회에서 '사랑'이라는 용어도 모든 가치를 배제한 채 사용하고 있는 것은 아닐까? 그러나 사랑의 위대함은 여전히 우리 사회를 지탱하는 힘과 에너지로 존재한다. 따라서 이제 다시 우리가 사랑의 본질을 깊게 생각해 보며, 그 용어의 회복을 위해 노력해야 될 때이다.

2장

불안감을 느낄 때

자신의 존재감을 잃어버렸을 때의 감정

'감정'을 통한
가치 실현에 대해

『감정의 격동』 마사 누스바움, 2015

『시간과 타자』 에마누엘 레비나스, 1996

　지하철을 타고 약속 장소로 향하는 도중 연인으로 보이는 남녀의 말다툼이 눈에 들어왔다. 남자가 여자에게 격한 목소리로 뭐라고 말하자, 여자는 오빠라고 칭하는 남자에게 '너무 감정적'으로 하지 말라면서 '이성적으로' 생각하라고 낮은 목소리로 이야기하는 모습이었다.

　이성과 감성(혹은 감정), 너무나 그럴듯한 이야기다. 그런데 정말 이성만이 올바른 판단의 길이고, 감정은 억누르고 감추거나 심지어 없애야 하는 그런 것일까(그런다고 없앨 수 있는 건 아니지만)? 우리는 일상생활에서 너무 쉽게 '이성적으로 생각해야 한다'고 인식하고 산다.

역사적으로 볼 때 '이성'의 인식으로 인해 각 개인의 존재적 주체성이 드러나고 마치 어지러운 사회의 모든 질서는 이성을 통해 해결되는 것처럼 보였다. 하지만 그런 이성과 합리주의적 사고는 변형에 변형을 거듭하면서 '도구적 이성'과 '목적합리성'으로 전락하여 각종 전쟁과 다툼, 비인간화를 만들어 냈다.

물론 이성이라는 이름으로 과거에 긍정적 역할을 수행했던 것은 부정할 수 없는 무엇이다. 그러나 현대 사회의 다양한 문제점들이 '이성'만으로 해결될 수 없다는 현실은 묵과할 수 없는 사실이다. 그럼 무엇이 이를 대체할 수 있을까?

이에 대해 『감정의 격동』의 저자 마사 누스바움(Martha Nussbaum)은 '감정'이 그 역할을 충분히 할 수 있다고 전한다. 우리 안에 있는 다양한 감정의 형태들을 이해하고 살핌으로써 우리의 개인 및 사회적 문제들의 원인과 해결책들을 찾아낼 수 있다는 것이다. 그는 감정이 과거에 해 온 이성의 역할을 수행하고 뛰어넘어 더 좋은 세상을 만들 수 있는 가치에 대한 '믿음'을 설명하면서, 감정이 인식적 가치와 도덕적 가치를 실현할 수 있다고 강조한다.

정치철학자이자 윤리학자이며 여성학자이고 현재 시카고대학교의 석좌교수로 있는 그녀는 다양한 현대 사회의 문제점 및 해결 방안을 '감정'을 통해 이야기한다. 우리는 감정에 대해 쉽게 분노나 '화'를 표상하기 때문에 감정 전체의 다양성을 잊을 때가 많다. 그러나 정서는 사랑이나 연민, 경탄, 희망, 환희 등 다양하다. 여기서 누스바움이 말하는 감정 중 연민에 대해서 예를 들면, 그는 연민을 세 가지 인지적 요소로 나누고 있다.

첫째, 크기에 대한 판단
둘째, 그런 일을 당해서는 안 된다는 판단
셋째, 행복주의적 판단

첫째로 말한 '크기에 대한 판단'에서 예를 들면 한 아이가 넘어져 무릎에 살짝 멍이 든 것과 넘어져 무릎에 피가 철철 흐르고 살이 깊게 찢어져 연골까지 보일 때 우리는 후자에 대한 연민을 더 '크게' 느끼고 전자에 대해서는 그럴 수도 있다는 생각으로 넘어간다.

둘째 부분의 '그런 일을 당해서는 안 된다는 판단'은 세월호 같은 경우를 들 수 있다. 희생자와 그 아이들의 부모를 보며 우리가 연민을 느끼는 것은 희생자와 희생자의 유가족 잘못이 아니라는 판단 때문에 그 부모들이 이 고통을 자초한 것이 아니라는 의미에서 희생자와 유가족이 그런 일을 당해서는 안 된다는, 모두에게 발현되는 판단이다.

셋째는 행복주의적 판단이다. 이것은 누스바움의 표현을 그대로 옮기면 '내가 세우고 있는 목표와 기획의 중요한 요소, 목적으로 그에게 좋은 일을 촉진해야 한다.'는 판단으로, 이에 대해 누스바움은 덧붙여 아리스토텔레스가 말한 '나도 비슷하게 될 가능성에 대한 판단'을 행복주의적 판단에 부분 집합적으로 끌어들인다.

그런데 연민이라는 감정에 대해 필자는 우리가 이 세 가지를 구성주의적 입장으로 살펴보길 권한다. 여기 각기 다른 상황에서, 즉 첫째·둘째·셋째의 각기 개별적 상황에 따라 우리의 정서인 '연민'이 발할 수 있지만, 이것이 모두 함께 이루어질 수도 있다는 부분이다.

세월호 같은 사건이 우리에게 큰 아픔과 연민을 일으키는 것은 첫째, 물이 넘쳐나는 상황에서 죽음을 기다리며 숨을 쉴 수 없는 그 시간들의 고통과 두려움이다. 이것은 우리로 하여금 너무나 '큰' 고통을 표상하게 만들며, 그 수많은 희생자들의 '크기' 또한 연민을 발하게 한다.

둘째는 위에서 언급했듯이, 희생자와 희생자의 유가족 잘못이 아니므로 희생자와 유가족이 그런 일을 당해서는 안 된다는, 모두에게 발현되는 판단이다.

셋째의 경우 피해를 입은 사람들은 유가족 당사자들에게 그들과 함께 세운 그들의 목표와 기획안에 중요한 사람으로서 상실감을 일으켜, 당연히 행복주의적 부분을 저해하기 때문에 우리에게 연민을 일으키며, 내 자신의 일이 아니더라도 넓은 의미에서 나의 친척이, 조카가, 아는 사람이 그렇게 될 수도 있다는 아리스토텔레스의 행복주의적 관점에서도 우리에게 연민을 일으킨다.

결국 '세월호'가 우리에게 또는 우리 사회에 큰 아픔과 연민을 발하게 만드는 것은 바로 이 세 가지 인지적 요소가 모두 포함되기 때문이다.

그럼 우리가 다른 상황에서 '연민'에 대한 부정적 측면은 없는지 살펴볼 필요도 있다. 여기서는 스피노자와 아리스토텔레스의 연민에 대한 부분인데 그가 말한 대로 '나도 다른 사람과 비슷하게 될 가능성'의 관점으로 볼 때 느껴지는, 다른 사람과 사이의 '유사성'만을 고려할 때 나타나는 문제점들이다.

과거 중세의 귀족들은 자신들이 결코 하층 계급이 될 일이 없다는 당대 '현실'을 믿었기 때문에 하층 계급에 대한 '연민'을 결여하게 된다. '유사성'에 대한 부분만으로 연민을 이해하게 되면 이 같은 유사하지 않다고 생각되는 사람과 집단에 대해 우리는 연민을 느끼지 못할 수 있다. 이것은 더 나아가 사회의 집단 간 갈등을 초래할 수도 있다.

세월호에 대해 어느 혹자는 그 사건과 관련하여 '나는 자식도 없고 어린 친인척도 없으며, 아는 사람도 없다. 그리고 세월호 같은 배를 탈 일도 전혀 없다.'라고 생각할 수도 있을 것이다. 이렇듯 자신과의 '유사성'이 없다는 인식 속에서는 세월호의 아픔을 동감하기 어려워할 수도 있다.

그래서 '연민'이라는 정서는 매우 중요하며, 누스바움이 이야기하는 세 가지의 측면이 함께하여 '연민'을 발해야 한다. 그럼 누스바움이 말하는 세 가지 인지적 측면만을 고려하면 되는 것일까.

이 책과 우리가 함께 읽어 보면 좋은 책으로 레비나스(Emmanuel Levinas)의 『시간과 타자』를 추천해 주고 싶다. 그는 세월호 같은 엄청난 고통에 대해 우리에게 그 고통받는 '타인의 얼굴'을 주목하라고 강조한다.

그는 고통받는 타인의 얼굴에 동참할 때 우리의 '윤리적 주체성'을 실현할 수 있고 말한다. 고통받는 타인의 얼굴을 인식하고 무언가 그를 위해 '노력하려 할 때' 우리는 이를 통해 의식하고 인식하며 행동하는 '존재자'로 바뀔 수 있다고 설명한다.

여기에 레비나스는 윤리적 주체로서 우리의 존재를 입증하려 했는데, 우리의 존재는 윤리적 사건의 전제를 통해 밝혀지는 것이 아니라 우리가 타인의 고통까지 포함한 타자에 대한 열린 관계를 궁금해하고 희망할 때 그 자체가 윤리가 되는 것이다. 이때 주체성과 동시에 윤리가 회복된다. 때문에 타인에 대한 관심은 나의 존재적 당위일 수밖에 없다.

그가 말하는 '주거'와 '노동'이라는 개념을 통해 우리들은 모두 '평안한 삶'을 추구하는 '동일자'이기 때문에 이때는 진정한 자기 자신을 발견하기 어렵다. 이런 동일한 생각에서 벗어나 타인의 얼굴을 마주하고 상대가 느끼는 고통에 동참하려는 '감정'으로 다가설 때 우리는 존재에 대한 주체성을 회복할 수 있다.

이런 연민에 대한 감정은 누구를 함부로 쉽게 예단(豫斷)하여 바라보라는 의미가 아니다. 여기서 연민이나 타인의 고통의 감정을 느끼려는 것은 '노력할 때'가 아닌 '노력하려 할 때'라는 '지향성'의 의미가 더 중요하다. 때문에 우리가 타인의 고통을 동참하고 나온 결과로써 우리의 '나'됨이 되는 것이 아니라, 타인의 얼굴을 바라보고 그의 고통을 살피는 감정의 노력을 하려 할 때, 섣불리 그들을 위한다는 생각이 아닌 그들의 고통 속에서 '나'의 '나 됨'임을 생각해 볼 수 있는 것이다.

남을 위한 연민이나 고통에 동참하려는 감정은 단순히 감수성이 풍부한 사람들의 발현이 아니다. 이것은 연민이라는 '감정'을 통해 나의 존재와 사회의 윤리를 실현하는 중요한 인식적 가치의 실현이다. 오늘도 수많은 타인의 얼굴이 우리의 앞을 스쳐 간다. 이제 잠시 '이성'의 논리를 접어 두고 내가 느끼는 '감정' 속에서 그들의 얼굴을 살펴보면 어떨까. 그럴 때 그 속에서 우리는 타자를 수용하고 그들을 '환대'할 수 있을 것이다.

우리가 살고 있는 지금을 늘
'먼저 안 것'의 자세로 살기

영화 〈너의 이름은〉

your name, 2016

TV를 켜 본다. 유명 연예인이 나와 우아한 전원생활을 공개하고, 어떤 연예인은 사람들을 초대한다. 자신의 텃밭을 가꾸기도 하고, 마당의 잔디에 누워 요가나 명상을 하기도 한다. 부럽다. 시골로 내려가고 싶다. 그래서 휴가 때가 되면 도시의 사람들은 자연이 있는 바다나 계곡, 산을 찾아 나선다.

하지만 몇 십 년째 강원도 외지에서 살고 있는 나의 지인은 서울은커녕 읍내에서 살아 보는 게 소원이라고 한다. 왜 우리는 늘 서로 다른 꿈을 꾸고 내가 가지지 못한 것들을 동경하며 사는 걸까.

이런 비슷한 종류의 영화가 있다. 바로 〈너의 이름은〉이다. 이 일본 애니메이션 영화가 우리에게 주는 울림이 크다. 보통 이런 울림을 일본어로 히비키(ひびき)라고 하는데, 울림은 존재와 존재자, 사물과 사물들이 있기에 가능하다.

쫓겨 사는 삶과 무료한 삶

아르바이트와 학교를 오가며 도시적 삶에 '쫓겨 사는' 고등학생 소년 타키와 시골에서 '무료하게 사는' 소녀 미츠하는 어느 날 아침 서로의 몸이 바뀐 것을 알게 된다. 잠들고 나서 일어나면 자신도 모르게 바뀌는 모습에 처음에는 당황해하지만 이내 바뀐 몸을 '인식'하고, 바뀐 상황에서 점차 서로의 존재를 위해 살아간다.

집안 대대로 신사(神社)를 지키며 살아가는 미츠하는 할머니 그리고 여동생과 살아간다. 설정 자체가 전통이나 풍습을 암시하고 있고, 반대로 도시의 삶을 살아가는 타키를 통해 늘 변화하고 빠르게 움직이는 도시를 보여 주고 있다.

풍습에 의해 자신의 신사에서 살아갈 수밖에 없는 미츠하는 도시를 동경하며, 다음 생에는 꼭 도쿄의 꽃미남으로 태어나길 바란다. 늘 자신의 결핍에 대한 충족의 대상이 상대에게 있다고 생각하는 우리에게 미츠하는 이제 성별까지 뒤바뀌길 바라는 것이다. 아르바이트까지 하면서 바쁘게 살아가야 하는 타키도 자신의 삶에 만족하지 못하는 것은 마찬가지다.

영화 속 주인공만 그러는 걸까? 우리도 늘 자신의 삶 속에서 만족하지 못하고 상대의 삶을 두리번거리며, 배회하고 있지는 않은가. 영화 속 주인공들은 일주일에 두세 번씩 서로의 몸이 바뀌었다가 제자리로 돌아와 꿈에서 깨면 기억을 못 하게 된다. 그래서 서로 '문자'를 남기며 각자에게 필요한 '소통'을 하게 된다.

어쩌면 우리도 우리가 기억하지 못할 뿐, 이들처럼 수많은 꿈들을 매일 꾸고 있지는 않을까. 그리고 우리는 우리가 기억하지 못하는 것들의 결핍을 채우기 위해 깨어나서는 끊임없이 누군가에게 문자를 보내고, '좋아요'를 누르고 이야기하며 내러티브를 만들고 있는 것은 아닐까.

우리는 왜 서로를 알아보지 못할까

실제 본 적 없는 그들이 마지막 영화 엔딩 장면에서는 서로를 알아보는데 우리는 왜 그러지 못하는 걸까. 이건 애니메이션 영화니까? 사실 그보다는 우린 꿈 자체를 믿지 않고, 그 너머에 있는 것 자체에 관심을 두지도 않으며, 오직 현실에 몰두하느라 놓치고 있는 것은 아닐까.

이 영화의 배경은 1200년 만에 혜성이 다가오는 일본이다. 하지만 이 혜성이 갈라지면서 운석이 일본 미츠하가 사는 곳으로 떨어지게 된다. 이 사실을 '먼저' 알게 된 타키는 미츠하에게 이 사실을 알리기 위해 사방팔방으로 노력하지만, 자신과 미츠하 사이에 3년이라는 시간이 있다는 것을 나중에 알게 된다. 즉 타키는 미츠하보다 3년 더 먼저 존재한 것이다.

상대성 이론에서 시간의 차이는 중력과 운동의 법칙에 의해 달라진다는 것을 알 것이다. 먼저, 시간은 중력이 가까울수록 천천히, 중력이 멀수록 더 빨리 흐른다. 운동의 법칙을 살펴보면 나를 기준으로 빛의 속도를 시간이라고 보면 내가 정지된 상태에서 움직이는 시간보다 상대적으로 빠른 속도로 움직인 상태의 시간이 느리게 간다는 이야기다.

타키는 운석으로 인하여 마을이 소멸될 수도 있다는 사실을 알리기 위해 열심히, 정말 열심히 움직인다. 자신의 몸이 부서질 정도로 움직이는 그의 과정이 물리적이라는 3년의 시공간의 차이를 극복하게 만들고 미츠하에게 이 '사실'을 알릴 수 있게 된다. 미츠하 역시 자신에게 주어진 물리적 시간 안에서 자신의 역할에 온 힘을 다하여 마을을 구하게 된다.

구조적 형태에 매몰되지 않기

여기서 둘 다 목숨을 걸고 몸을 바쳐 마을을 구했다. 이제 이 영화에서 주는 다른 시사점을 살펴보자. 어찌 되었건 마을이 위험하다고 '먼 저 안' 것은 타키였다. 타키가 몸이 바뀐 '현상'

에 대해 그저 인정하고 그 구조적 형태의 삶에 머물렀다면 마을을 구할 수 없었을 것이다.

타키는 멈추지 않고 미츠하라는 소녀에 대해 '너는 누구니?'라는 지속적인 '관심'을 통해 마을의 위험까지 알게 된 것이다. 미츠하도 타키에 대해 '너는 누구니?'라는 관심이 없었다면 그의 이야기에 귀 기울이지 않았을 것이다.

그런데 여기서 우리가 하나 더 생각해야 하는 게 있다. 우리가 살고 있는 지금은 늘 '먼저 안 것'이 되어야 한다. 지금 우리가 알고 있는 그 무엇이 타키가 먼저 알았다고 생각한 그 무엇처럼 말이다. 다시 말해 우리가 정말 서로에게, 또는 인류에게 꼭 필요한 무엇을 알았다면, '누군가도 알겠지.' 혹은 '이미 알았겠지.'라는 생각이 아니라 우리가 '먼저 안 것'이 된 마음으로 살아야 한다는 것.

그럴 때 미처 먼저 알지 못했던 사람들에게 그 앎을 알려 줄 수 있으며 지속 가능한 세계를 열어 나갈 것이다.

'나는 누굴까?'에서 '너는 누구니?'로

늘 자신의 정체성에 매달려 '나는 누굴까?'라는 것만 고민하다 보면 주변을 살펴볼 수 없다. 우리에게 타키나 미츠하가 말하는 '너는 누구니?'라는 상대의 정체성에 대한 질문은 결국 서로의 관심과 소통으로 이어질 수밖에 없다는 역설을 영화는 말하고 있는 것이다. 서로 다른 사람이 되어 다른 존재의 꿈을 꾸는 것은 우리가 서로 연결되어 있다는 것. 이를 위해 영화 속 대사처럼 우리가 단 한 가지만 기억하면 된다.

"말하려고 했는데. 네가 세상 어디에 있든지 간에 반드시 다시 한 번 찾아가겠다고."

이 의지가 8년 후 타키와 미츠하가 다시 만날 수 있는 계기가 된다. 이것은 '의지'다. 왜냐하면 살면서 날마다 우리는 수도 없이 쏟아지는 새로운 대상과 문제에 부딪히며, 그 전에 것들은 쉽게 묻혀 버리거나 잊히기 때문이다.

그리고 또 한 가지.

"소중한 사람, 잊고 싶지 않은 사람, 잊어서는 안 되는 사람……! 누구야……? 이름은……!"

우리 주변에 소중한 사람이 있고, 잊고 싶지 않은 사람이 있고, 잊어서는 안 되는 사람이 있어서 그의 정체성을, 그의 이름을 알려고 하는 것이 아니라, 그가 누구인지 관심을 두고, 그의 이름을 '명명'할 때 그 사람들이 우리에게 소중한 사람, 잊고 싶지 않은 사람, 잊어서는 안 되는 사람으로 존재할 것이다.

　이제 우리 주변을 보자. 그토록 찾아 헤매던 사람은 바로 당신이 '누구야? 이름은!' 하고 외치는 노력 가운데 만날 것이다. 그럴 때 우리는 시골에 사는 나도, 서울에 사는 너도 서로의 동경의 대상이 아닌 그저 하나로 연결된 '우리'임을 알게 될 것이다.

공감과 소통을 위한
'언어' 본질의 회복을 바라며

영화 〈더 리더: 책 읽어 주는 남자〉
The Reader , 2008

태초의 말이 있었다. 사람들은 그것을 언어라고 했다. 그리고 사람들은 자신들의 말을 좀 더 오래 보존시키거나 멀리 있는 사람들에게 자신의 말을 전달하기 위해, 그리고 보다 많은 사람들과 자신의 얘기를 공감하고 소통하기 위해 문자를 만들었다. 이제 언어는 말의 음성 언어와 글자의 문자 언어로 나뉘게 된 것이다.

처음 문자 언어가 생성된 시기에 사람들은 문자는 단지 음성을 보조하기 위한 수단이라고 생각했다. 그러나 계몽주의를 거쳐 모더니즘 시대가 도래하면서 사람들은 점차 문자 그 자체의 중요성을 깨닫기 시작했고, 그 이후 포스트모더니즘 시대에는 문자 자체의 의미(기의보다 기표)를 찾기 시작했다.

말보다 책의 문자를 더 신뢰

점차 문자에 몰두한 나머지 이제는 음성 언어가 오히려 언어의 체계에서 밀려났다. 사람들은 사람의 말보다 책의 문자를 더 신뢰하게 되었다. 정보와 지식 그리고 권력까지도 이른바 텍스트라는 것을 통하지 않으면 안 되는 시대에 이른 것이다. 이즈음에 영화 〈더 리더〉의 중요한 가치가 있다.

갑자기 성홍열로 하굣길에 고통을 받는 15세 소년 마이클을 30대 여인 한나(케이트 윈슬렛)가 도와준다. 그 도움을 계기로 마이클(랄프 파인즈)과 한나는 비밀스런 연인 사이가 된다. 그런 가운데 한나는 우연히 마이클과 책에 대한 이야기가 나오자, 앞으로 자신과 관계를 가지기 전 책을 읽어 주어야 한다는 단서를 붙이게 된다.

『채털리 부인의 사랑』, 『오디세이』 등을 마이클은 한나에게 읽어 주면서 서로의 관계는 더욱 깊어져 간다. 그러던 어느 날, 한나는 말 한마디 없이 마이클 곁을 떠나게 된다.

이유는 회사가 한나를 사무직 자리로 옮겨 주었기 때문이다. 육체적 노동의 직업을 가졌던 한나에게 사무직 자리로의 이직은 세속적 관점에서 보면 승진의 기회로 보인다. 하지만 한나는 문맹자였다.

한나의 상사는 사무직의 자리로 가는 것은 승진한 것이라며

기뻐하라고 말했지만 한나에게 사무직은 승진이 아니었다. 글을 읽지 못하는 수치심을 크게 느끼고 있던 한나는 직장을 떠나 다른 자리를 알아보던 중 아우슈비츠 수용소 감시관의 구직을 보고 그곳에 들어가 여러 사람들을 죽이는 데 관여하게 된다.

8년 후, 법대생이 된 '마이클'은 재판에 참관했다가 우연히 피고인 신분의 한나를 발견하게 된다. 한나는 그 자리에서 자신이 문맹자라고 인정만 하면 큰 죄를 면할 수 있었지만, 자신이 문맹자라는 것을 감추는 대신 혹독한 징역을 살게 된다.

인텔리 계층의 마이클은 그 자리에서 한나가 문맹인이라고 나서서 변호해 주지 않았다. 그런 복잡 미묘한 감정과 죄책감으로 마이클은 자신의 집에서 책을 읽어 녹음테이프에 녹음한 후 한나에게 조금씩 나누어 보내 준다. 한나는 거기서 혼자 마이클이 보내 준 음성과 원본 책을 비교하면서 글을 깨우치게 된다.

마이클은 형량을 마치고 나온 한나에게 감옥에서 자신의 잘못된 행동에 대해 많이 생각해 보았냐고 한나를 추궁하면서 좁힐 수 없는 둘 사이의 거리를 만들어 놓는다. 한나의 어쩔 수 없는 선택을 알면서도 그에 대해 변호하지 않은 마이클은 자신은 돌아보지 않으면서 한나의 행위 결과만을 비겁하게 몰아붙인다. 그런 상황에서 한나는 조용히 자살을 택한다.

한나는 아우슈비츠 수용소에서 했던 일이 왜 잘못이 되는지 인정하기 어려웠다. 수용된 그 개인의 고통은 이해할 수 있지만, 한나는 그것이 나라에서 시킨, 또는 국가의 권력자 혹은 인텔리층이 만들어 놓은 모집 광고를 보고 찾아갔을 뿐이다.

문맹 퇴치보다 문맹 자체에 모욕감을 키워

문맹자를 만들어 놓은 사회에서 문맹 퇴치보다는 문맹 자체가 주는 모욕감을 키우는 사회가 되었기 때문에 그 사회는 결국 한나를 죽게 만들었다. 한나가 그토록 자신에게 누군가 책을 읽어 주길 바랐던 이유는 책이 다른 누군가와 소통할 수 있는 길이기 때문이고 다른 사람들의 생각을 '공감'할 수 있는 길이기 때문이다. 그러나 글을 다 깨우치고 난 후 그의 유일한 지인인 마이클마저 한나의 죄만 놓고 성토하려 할 때, 한나는 더 이상 글 또는 책이 주는 기쁨을 느끼지 못하게 된 것이다.

여기서 아우슈비츠 수용소를 만들고 잔혹하게 수용소의 사람들을 죽음으로 몰도록 설계했던 사람들과 마이클은 알 수 없는 공통점을 갖게 된다. 한나에 대해 다양한 사회적 책임을 다하지 않은 인텔리층의 사람들이나 변호사 마이클은 한나에게 책을 읽을 수 있을 때까지 읽어 주는 것이 당연하다. 그리고 한나가 스스로 책을 읽을 수 있게 되었을 때, 그들은 한나와 서로 지속적으로 소통할 수 있어야 한다.

한나가 스스로 택한 길이기에 그녀의 잘못도 부인할 수 없지만 철학자 '한나 아렌트'가 집필한 『예루살렘의 아이히만』의 책에서 밝힌 '악의 평범성(banality of evil)'이라는 구절은 유태인 학살, 즉 홀로코스트(holocaust)는 광신도나 반사회적 성격장애자가 아닌 상부의 명령에 순응한 지극히 평범한 사람들에 의해 자행되었다고 밝히고 있다.

무고한 사람들을 죽게 만드는 데 참여한 한나에게 그저 모든 것은 사회적, 그리고 구조적 책임일 뿐이라고 말하기는 물론 쉽지 않다. 하지만 그 책임이 한나에게만 있을까? 음성언어에서 문자언어로 이행되면서 '소통'이라는 본래적 의미를 상실한 채, 복잡하게 얽혀 있는 권력과의 관계와 오직 이 관계만을 쫓아 생각했던 우리의 잘못도 있지 않을까.

하지만 아직 우리 사회는 한나에게 책을 읽어 주기보다는 읽지 못하는 한나를 무시하거나 우리 관계에서 제외시키기에 더 바쁘지 않은가. 아니면 또 다른 '차이'를 통한 권력을 만들어 내기 위해 제2의 언어, 제3의 언어와 각종 외국어를 공부하면서 우리들만의 관계를 만들고 있지는 않는가?

오늘도 이런 모순 때문에 스스로 아우슈비츠 수용소의 관리가 되려는 사람이 있는지도 모른다는 공포감이 엄습한다. 이제 우리는 우리 소외된 이웃을 찾고 그들과 함께 읽을 수 있는 책들을 찾아야 할 것이다. 그리고 그 내용을 함께 나누어야 할 때다.

'포스'가 함께하길
바라며

영화 〈스타워즈: 라스트 제다이〉, 〈라이즈 오브 스카이워커〉
Star Wars: The Last Jedi, 2017/ The Rise of Skywalker, 2020

스타워즈의 팬이라면 '포스'라는 말을 잊지 못할 것이다. 힝상 스타워즈 시리즈들은 잊지 않고 '포스'라는 말을 사용하면서 그와 함께 '힘의 균형'을 꼭 덧붙여 이야기한다. 계속되는 스타워즈 시리즈를 보아도 대충 그 개념을 어렴풋이 느끼기는 하는데 정확히 이해하기는 쉽지 않아, 그저 액션이나 전체적 스토리에 대한 재미에 시선을 고정하기 일쑤였다.

하지만 2015년 12월에 개봉한 J.J. 에이브람스 감독의 〈깨어난 포스〉의 뒤를 이어 2017년 12월의 라이언 존슨이 만든 〈라스트 제다이〉는 '포스'의 의미는 물론 생각하는 영화의 힘이 무엇인지 우리에게 많은 것들을 보여 주는 작품이다.

포스의 정체를 찾아서

2017년 연말에 개봉한 〈스타워즈: 라스트 제다이〉에 대해서는 의견이 분분했다. 그러나 필자가 볼 때는 역대 작품들에서 절대로 빠지지 않는 묵직한 주제를 가지고 영화의 재미를 잃어버리지 않으면서 작품성까지 모두 잘 살렸다고 본다.

필자가 잠시 미국에 있을 때 개봉했는데, 미국 현지의 극장들은 온통 스타워즈로 간판이 도배되어 있었지만, 국내 귀국한 뒤 극장을 보면서 전혀 다른 사정에 조금 놀랐다. 미국에 비해 〈스타워즈: 라스트 제다이〉는 국내 극장에서 빨리 사라졌고 관객 수도 매우 저조한 편이었다.

그래서 시간이 되면 이 영화에서 느낀 재미의 요소가 무엇인지 글로 한번 써야겠다고 늘 맘속으로 다짐하곤 했었다. 먼저 위에서 언급한 그놈의 '포스'라는 정체에 대해 살펴보자. 스타워즈에서 '포스'는 쉽게 말해 제다이들이 보여 주는 '힘'이었다.

레이가 마지막 제다이인 루크 스카이 워커를 찾아가 어렵게 얻어 낸 수업 첫 시간에 루크는 '포스가 뭐냐'고 묻는다. 여기에 레이는 '타인을 컨트롤할 수 있는 힘'이라고 말한다. 이에 대해 루크는 '포스'는 제다이들만 가진 힘이 아니며, 모든 에너지 사이에 우주와 함께 힘의 균형을 이루는 것이라고 말한다.

즉 '포스'는 나만의 존재적 드러냄이 아니라 각자의 존재들 가운데 그 존재들을 존재답게 이어 줄 수 있는, 그래서 그 각자의 존재가 어느 하나의 힘에 의해 침해당하거나 멸하지 않고, 전체의 힘의 균형에 의해 생성되고 소멸하는 것을 의미한다.

때문에 아군에서 항상 하는 대사는 이렇다.

"포스가 함께하길(*May the force be with you*)."

왜 항상 포스가 함께해야 할까. 우리 대부분은 '힘'을 갖기 원한다. 그리곤 레이가 말했던 것처럼 누군가를 내가 조정하고 움직일 수 있는 무엇으로 이해한다.

내 안에 있는 무언가를 깨우기

저항군들이 위험에 처하자, 평화를 유지하기 위해서는 제다이의 힘이 필요하다고 생각하고, 마지막 남은 제다이 마스터 루크 스카이워커를 레이가 찾아간다. 하지만 그런 레이를 차갑게 대하면서 루크는 레이가 준 그 유명한 '광선검'을 아무렇지 않게 던져 버린다.

그리곤 저항군을 도와 같이 싸우자는 레이에게 돌아가 버리라고 말한다. 제다이를 더 이상 키울 필요가 없다는 루크에게 레이는 계속 매달린다. 그런 가운데 레이는 어떤 이끌림에 의해 '제다이 고서'가 있는 동굴 같은 곳으로 들어간다.

이곳을 찾아낸 것이 궁금한 루크는 그때부터 레이에게 관심을 갖기 시작한다. 그러면서 루크는 레이에게 '넌 누구고 어디서 왔느냐'고 묻는다. 그리고 '여기에 왜 왔느냐'고 묻자, 레이는 루크의 질문에 대해 보이는 '현상'에 대해서만 대답을 한다. 넌 누구냐는 질문에 저항군이라고 대답하고 어디서 왔냐는 질문에 자쿠에서 왔고, 왜 왔냐는 질문에 저항군을 위해 레아의 명령을 받아 왔다고. 그녀 자신의 존재와 연결된 답이 아니었다.

루크의 집요하게 이어지는 여기 왜 왔냐는 질문에 레이는 그때서야 자신 안에 있는 무언가가 깨어나서 왔다고 말한다. 우리는 자신 안에 있는 무언가가 분명히 존재하고 있음에도 불구하고, 늘 바쁘다는 핑계로 아니면 늘 급한 일들이 가득하다는 이유로 내 안에 있는 무언가를 깨우지 않고 오히려 잠재운다.

이에 대해 루크는 레이에게 이렇게 말한다.

"넌 스승이 필요해."

이 가르침은 새로운 것을 얻어 쌓이는 가르침이 아니라 이미 내 안에 있는 것들을 깨우고 깨우치는 일이다. 하지만 처음에 루크는 더 이상 제다이를 가르치지 않겠다고 강하게 말한다.

루크의 이유는 두 가지다. 하나는 선한 목적에 의해 제다이를 가르쳤지만 퍼스트 오더의 실세로 변한 카일로 렌처럼 뉴 베이더가 되어 오히려 악한 기운을 돕는 일들이 벌어졌기 때문이다.

두 번째는 '포스'의 힘은 제다이만 가진 게 아니라는 루크의 설명이다. 위에서 언급했지만 '포스'의 정의가 모든 에너지 사이에 우주와 함께 힘의 균형을 이루는 것으로, 이것은 제다이만이 이뤄 내는 것이 아니라는 말이다.

그런데 이런 루크가 어느 순간 자신이 죽을 수 있음에도 그들을 돕기로 마음먹는다. 절대로 그들을 돕지 않겠다고 말한 그의 마음이 왜 다시 변했을까. 그에 대해 후반부에 가면 '핀'을 위해 목숨을 던진 '로즈 티코'의 말을 기억해 보자.

그녀가 핀을 위해 말한다.

"이기는 것은 증오하는 것을 파괴하는 것이 아니라, 사랑하는 것을 지키는 것이다."

루크도 같은 마음으로 전쟁에서 이기기 위해 그들을 도운 게 아니라 사랑하는 사람들을 지키기 위해 그들을 도운 것이다.

여기서 한 가지 더 살펴봐야 할 것은 루크가 카일로 렌과 싸울 때, 직접 이기기 위해 싸운 게 아니라 단지 저항군들의 시간을 벌어 주기 위한 역할만 했다는 부분이다. 직접 악을 물리치는 것이 아니라 다음 '세대'가 직접 경험하고 판단할 수 있도록 길을 열어 주기 위해, 단지 그 시간을 그들에게 '지연(差延)'시켜 준 것이다.

자신의 정체성 찾기

카일로 렌은 지속적으로 레이에게 이미 늙은 세대인 '선'의 대표 주자인 루크나 '악'의 대표 주자인 스노크의 시대를 끝내고 자신들의 새로운 세대로 이 세상을 만들어 가자고 제안한다. 하지만 레이는 이 제안을 거절한다. 부모에게 버림받은 레이가 오히려 자신의 부모 세대를 누구보다 더 증오할 수 있는데, 그 대신 자신의 '정체성'에 대한 물음에 더 귀 기울인 것이다.

레이가 천 세대도 넘는 오래된 제다이 고서에 다가선 것도, 자신 안에 있는 무언가가 깨어진 것도, 우리는 끊임없이 우리 자신에게 외치고 있는 '정체성'에 대한 물음 덕이다. 나는 누구이고, 어디서 왔고, 왜 지금 이렇게 존재하는지. 이 물음이 있는 한 레이의 삶의 이유는 충분하다.

2020년 1월 국내에서 개봉한 〈라이즈 오브 스카이워커〉는 전작에 비해 미흡한 부분이 많다. 영웅적 혈통주의로 끝내려는 J.J. 에이브람스 감독은 라이언 존슨의 깊은 뜻을 이어 가지 못했다. 하지만 에이브람스 감독의 '한 방'은 있었다. 레이가 악의 중심인 팰퍼틴의 손녀임에도 불구하고 마지막 신(scene)에서 그녀의 이름과 성을 묻는 장면을 넣는다.

영화 속에서 자신의 이름을 물으면 주저 없이 대답하던 레이가 유독 자신의 성을 묻는 장면에서는 혼란스러워하거나 대답하지 못한다. 그러나 마지막 장면에서 지나가는 행인이 이름과 성을 묻자 레이는 자신 있게 '레이 스카이워커'라고 답한다.

루크와 레아를 떠올리며 자신의 이름에 그들의 성을 쓰는 것은 부모의 그것도 남자의 성을 이어서 쓰는 오랜 관습에서 벗어난 것과 더불어, 이름은 바꿀 수 있어도 성은 바꾸기 어렵다는 통념에 대한 생각의 전환까지 보여 준다.

성에 대해 바꿀 생각조차 하기 어려운 것은 그것이 우리의 정체성과 연결되었다는 생각 때문이다. 하지만 자세히 살펴보면 우리는 단일한 한가지의 정체성으로 현대 사회를 살아가고 있는 것이 아니다.

사회에서는 각자 자신의 직급과 직무에 맡는 정체성으로, 가정에서는 가족의 관계 속의 정체성으로, 학교에서는 학생으로의 정체성으로 살아간다. 그 수많은 정체성을 그때그때 가지고 살아가면서 우리는 마치 '씨족 사회'의 절대적 구성원처럼 생각하고 살아간다.

하이데거 식으로 이야기하자면 이 세상에 던져진 것은 우리의 뜻이나 선택 또는 의지에 의해서가 아니다. 누구도 어려운 환경에서 태어나고 싶어서 태어나는 것이 아니다. 이런 환경에서 벗어나고 싶어 하지만 견고한 현대 사회의 시스템은 그렇게 호락호락 계층 이동이나 내 뜻에 맞는 사회로의 '변용'을 허용하지 않는다. 물론 개인의 노력에 의해 목표를 달성하는 사람들이 있지만 어디까지나 다수의 사람들이 아님은 확실하다. 그럼 우리는 좌절만 하고 살아야 하나?

하이데거는 이에 대해 '존재의 의미'를 알아야 한다고 전한다. 존재자로서 현존재인 우리는 사실 눈에 보이지 않는 모든 '존재'의 근원에 대해 파악하기 어렵다. 때문에 우리는 존재라는 것을 정확히 알 수 없을지 모르지만, 현존재자로서 존재의 '의미'를 깨닫고 찾을 수 있다.

레이가 어려운 상황에서도 꿋꿋이 살아갈 수 있었던 것은 물질이나 권력으로 가치 평가된 '존재자'들의 세상에 편입하기보다는 자신의 존재 의미에 대해 더 알려고 노력했기 때문이다. 그리고 그 의미의 발견은 자신 스스로 스카이워커라는 '성'을 붙이며 더 이상 과거의 만들어진 정체성에 매달리지 않는 부분으로 영화의 마지막을 장식한다.

〈라스트 제다이〉에서 지난 시대 남성 주인공들은 사라지고 여전히 주인공은 여성 '레이'이며, '로즈 티코'의 등장으로 서양 중심의 인물에서 조금 벗어난 것도 흥미의 요소를 더한다.

그리고 우리가 생각하는 물리적 힘의 관계에서 남성은 늘 '힘'이 더 셌지만, 〈스타워즈: 라스트 제다이와 라이즈 오브 스카이워커〉에서만큼은 물리적 힘이 아닌 '포스'의 관점에서 카일로 렌과 레이는 동등한 힘을 가진 존재로 나온다.

'포스'가 이 땅에 각자의 존재들 가운데 그 존재들을 존재답게 이어 줄 수 있는 무엇이라 한다면, 그동안 전쟁과 파괴들이 끊이지 않았던 남성의 역사에서 '여성'의 존재는 그 '포스'를 누구보다 잘 이해하고 이어 나갈지 모른다. 그동안 '남성의 역사'로 인해 지구가 많이 훼손되고 아팠기 때문에 카일로 렌이 영화에서 자신의 아버지는 죽였지만 어머니 레아 공주는 죽이지 못하고 돌아선 것일 수 있다.

우주와 이 땅의 모든 에너지의 균형을 이루는 데 쓰는 힘이 '포스'라면 아마도 이 힘은 물리적 힘만으로는 표현될 수 없을 것이고, 그런 측면에서 힘은 남과 여 모두에게 동등한 것일 수 있다. 다만 내 안에 있는 무엇을 깨우지 않고, 이미 주어진 가치들에 대해서만 기대어 살 때, 우리는 우리 안에 있는 '포스'를 경험하지 못하게 된다.

오늘 주변 '존재자'들을 염두에 두며, 그들의 사이에서, 그들은 물론이거니와 보이지 않는 '존재'들까지, 그들을 위해 무언가를 시도해 보는 건 어떨까. 그사이 내 안에 '포스'의 기운이 느껴질지 모른다. 우리의 삶 속에 '포스'가 함께하길 바라며……

'관심'을 통한
서로의 '존재' 챙기기

영화 〈용의자X〉

Perfect Number, 2012

주변에는 여전히 상실, 절망, 실패, 낙심 등의 단어들을 느끼며 고통받는 이들이 있다. 이들을 위해 우리가 할 수 있는 것에는 무엇이 있을까? 아니 우리는 이런 단어로부터 자유로운가?

이를 해결하기 위해 적극적인 정치적 참여나 사회사업 등의 길도 있을 수 있겠지만, 어쩌면 작은 생활 속 실천들이 이들과 우리에게 희망, 사랑, 기쁨 등의 단어들을 느끼게 할 수 있지 않을까. 이런 것들을 생각하게 해 주는 영화가 있다. 〈용의자X〉다.

얇은 '벽'을 등지고 살아가는 우리

어느 날 주인공 남자는 살인을 저지른 한 여성을 위해 자신이 살인죄를 대신 진다. 이미 일본에서 〈용의자X의 헌신〉이라는 제목의 책과 영화로 먼저 알려진 이 작품을 한국에서 영화로 만들었다. 남자 주인공 석고 역은 류승범이, 여자 주인공 화선 역은 이요원이 연기했다.

주인공 석고는 과거 수학 천재였지만 지금은 고등학교 수학 교사로 평범하게 살아간다. 그리고 어느 날 옆집에 화선이 이사를 온다. 그런 가운데 우연히 석고는 화선이 우발적으로 전남편을 죽인 것을 알게 된다. 그리고 석고는 그런 그녀를 위해 완벽한 알리바이를 계획하고는 놀라울 정도로 치밀하게 그녀를 도와준다.

영화의 중반부까지 여자 화선은 남자 석고가 자신을 도와주는 이유가 자신을 사랑하기 때문이라고 생각한다. 그래서 그의 호의를 기분 나쁘게 생각하지 않았다. 하지만 남자의 치밀한 계획이 어느 정도 잘 풀려 갈 무렵 오해가 생기면서 여자는 이제 남자가 그저 자신을 소유하고 싶거나 성적 욕망 때문에 도와주었다고 생각한다.

그러나 영화는 중반부를 넘어가면서 석고가 어려움에 빠져 있는 화선을 도와주는 이유를 '벽'을 통해 소개한다. 눈으로는 서로 완벽히 차단된 것처럼 보이지만 실상에서는 의외로 매우 얇은 '벽'을 사이에 두고 우리는 이웃들과 살아간다.

가끔 옆집, 또는 앞의 호실에서 때로는 위층에서 또는 아래층에서 일어나는 일들이 들릴 때가 있다. 때때로 옆집에서 과격한 부부싸움의 소리도 들리지만 쉽게 나서지 않는 게 요즘이다.

영화에서는 옆집의 웃음소리, 분노, 기쁨 등의 소리를 자주 들을 수 있지만 모른 척하고 살아가는 현대인들을 비웃는 듯 남자 주인공은 곤경에 처한 여자에게 달려간다. 그리고 석고는 자신이 그 살인죄를 대신 짊어진다. 그럼 그 정도로 석고는 화선을 사랑한 것일까? 이야기도 별로 자주 나눈 적 없는 여자를 위해? 하지만 석고가 여자를 도와준 동기는 공명심도, 첫눈에 반한 사랑도 아니었다.

타인을 통한 나의 존재 느끼기

화선은 그에게는 생명의 은인이었기 때문이다. 어릴 적부터 증명하고 싶은 수학의 명제에 빠져서 그것 때문에 인생의 모든 것을 걸었지만, 결국 계속 증명하지 못하자 어느 순간 석고는 자신의 부질없음을 한탄하며 자살을 결심한다. 그런 상황들이 마음속을 괴롭힐 때마다 여자 주인공 화선이 나타나 아무렇지 않게 '작은 관심'들을 보여 준다. 석고는 그로 인해 자신의 '존재 인식의 대상'을 얻게 된다.

즉 자신이 세운 수학의 명제적 증명을 통해서 자신의 존재 이유를 얻으려 했지만 그를 살게 한 것은 옆집 화선의 눈인사나 미소 따위의 작은 관심이었다. 때문에 여자 주인공이 남자를 오해하고 자신의 육체를 마음대로 하라고 하지만 남자는 거들 떠보지 않는다. 석고가 그녀를 위해 헌신한 것은 그녀의 육체가 아닌 그녀의 '작은 관심'이기 때문이다.

명제는 인식적 가치(epistemic value)에 대한 문제이다. 그것은 참(ture)과 거짓(false)으로 논해지지만 영화 〈용의자X〉에서 보여준 것처럼 죽을 때까지 참과 거짓을 증명하지 못하는 게 우리 인생의 다반사이다.

수치와 과학에 맹신하지 않기

특히 과학을 통한 실증주의가 가장 신뢰받는 현대에서 우리는 수치화되고 과학화되지 않는 것들에 대해서는 쉽게 믿으려 하지 않는다. 하지만 우리가 그렇게 믿고 의지하는 과학과 숫자는 오히려 우리를 무기력하게 만들거나 우리의 존재적 이유까지 무감각하게 만들고 있다.

숫자가 말해 주는 연봉이 나를 무기력하게 만든다. 자신의 차 배기량의 숫자는 마치 나의 정체성을 말해 주는 듯하다. 이런 사회는 건강할 리 없다. 숫자로 또는 실증적인 것만을 요구하는 사회에서 그 결과를 만족시키지 못하는 사람들은 낙오자처럼 보인다.

하지만 그가 낙오자가 아닌 모두 똑같은 인간임을 느끼게 하는 것은 '타인의 얼굴'을 바라보며 서로의 표정에서 보내는 작은 미소나 인사 따위의 모습이다. 그것은 그 대상이 나를 수치화하지 않았다는 증명이며, 나를 '물화'시키지 않고 그저 그와 똑같은 하나의 인간임을 확인시켜 주는 방식이다.

타인의 고통에 대해 '환대'하기

레비나스 식으로 말한다면 화선은 죽기 직전의 석고의 모습을 보면서 무의식 속에서 그의 얼굴에 대해 '환대'의 방식으로 타인의 고통을 응대한 것으로 해석할 수 있다. 나에게 보내 주는 상대의 응시나 미소는 나에 대한 관심의 표정들로, 나를 수치로 보지 않고 있다는, 그래서 당신이 하나의 존재로서 이 세상에 뚜렷이 살아가고 있다는 것을 내가 안다는 삶의 '지지 구조' 같은 것이다.

화선이 보여 준 관심은 사회적 차원의 거대한 업적으로 환원되기 위한 목적이 아니다. 그저 타인의 고통 속 또는 무미건조한 얼굴 속에서 내가 당신을 '물화'시키지 않고 있다는 증명을 통해, 나 자신도 물화되지 않고 있다는 것을 증명하는 것이며,

타인의 얼굴을 볼 수 있다는 확인 속에서 거대한 숫자 속의 내가 아닌, 나의 나 됨을 알게 되는 증명인 것이다.

그동안 숫자를 통한 과학은 우리에게 많은 편리함과 때로는 위로도 주었을 것이다. 하지만 이런 숫자를 통한 과학이 우리의 존재적 이유를 대신해 주거나 깨닫게 해 줄 수는 없다. 그것은 오롯이 인간과 인간 사이의 몫인 것이다.

제구포신(除舊布新)이라는 사자성어가 있다. 뜻인즉슨 묵은 것은 없애고 새것을 펼치라는 것이다. 우리를 괴롭히는 묵은 것들의 아픈 기억들은 결코 혼자 보내고 해결할 수 있는 것이 아니다. 자신을 증명하기 바쁜 현대인들에게 이제 목표 수정이 필요할 때다.

이 목표는 우리 주변 사람들에 대한 작은 관심으로 출발해 보면 어떨까. 그 작은 관심은 이 순간 어느 죽어 가는 생명을 일으킬 수도 있으며, 그것을 통해 나 자신도 수치화된 세상에 함몰당하지 않았다는 증명도 되어 준다.

3장

상 실 감 을 느 낄 때

죽음과 고통에 대한 감정

시간의 순서에서
벗어나기

영화 〈컨택트〉
Arrival, 2016

사랑하는 사람을 잃게 되었을 때, 한없이 무너지고 무기력해지는 감정을 어떻게 추스를 수 있을까.

"우리는 시간의 순서에 너무 얽매여 있다."

드니 빌뇌브(Denis Villeneuve) 감독의 영화 〈컨택트〉에 나오는 대사다. 어머니의 폐암 진단 소식을 들었던 날, 나는 이 영화가 유독 머릿속에 머물렀다.

자신의 방호복을 벗을 때 소통 일어나

어느 날 12개의 외계 비행물체가 미국, 중국, 러시아 등 주요 도시 상공에 나타난다. 나라마다 그 상공에 떠 있는 외계인과 접촉하기 위해 각각의 나라들은 자신들의 언어 안에서 각자의 방법으로 그들에게 다가선다.

서로 다른 언어를 사용하는 외계인과의 접촉은 그리 쉽지 않다. 서로 다른 환경 속에서 구성된 언어들이기 때문이다. 그래서 미국은 언어학 전문가인 루이스 뱅크스(에이미 아담스) 박사와 물리학자 이안 도넬리(제레미 레너)를 불러온다. 두 사람은 18시간마다 문이 열리는 UFO 아래쪽 입구를 통해 내부로 진입, 외계 생물체와 대화를 시도한다.

그들과 소통하기 위해 루이스 박사는 그 공간에 혹시 존재할지 모를 방사선 물질이나 여러 가지 예측할 수 없는 위협적 상황을 무릅쓰고 자신의 산소통과 방호복을 벗어 버리고 그들 앞에 선다. 그리고 그들이 왜 여기에 왔는지 묻기보다는 먼저 자신을 소개한다. 영화에서 보여 주는 이 장면은 자신의 모든 것

문화는 우리를 어떻게 위로하는가

을 걸지 않고서는 제대로 된 소통이 이루어지지 않는다는 방증이기도 하다.

타인과 소통하기 위해 우리는 얼마나 자신을 던졌던가? 자신을 던졌던 적은 있는가? 사회가 만들어 놓은 시스템이라는 보호막을 입고 그 언어로 그들과 소통하려 하지는 않았는가.

어차피 소통이라는 것은 나의 언어로 그들을 설득시키는 것이 아니라 그의 언어에 내가 들어가고 그가 내 언어로 들어올 때만이 이루어진다. 루이스 박사가 영어를 그들에게 가르쳤기 때문에 소통이 된 것이 아니라 루이스 박사가 영어를 알려 줌과 동시에 그들의 언어인 '헵타이어'를 알려고 노력했기 때문이다.

언어의 상대성 원리는 존재하는가

루이스는 외계인들과의 접촉하는 과정에서 몇 가지 사실을 알아내는데, 그 하나는 그들의 언어를 통해 미래를 볼 수 있게 되었다는 것과 다른 하나는 우리가 사용하는 언어에 맞추어 사고한다는 내용이다.

사실 이 내용이 조금 쉽게 다가서기 위해서는 사피어—워프(Sapir-Whorf)의 '언어의 상대성 원리'에 대한 이해가 조금 필요하다. 언어의 상대성 원리를 꼭 지지할 필요는 없다. 다만 그 영향이 절대적이지 않더라도 상대적 영향력은 분명히 존재한다.

지나치게 단순화시켜서 이야기하면 욕을 하는 집단에서는 좀 더 폭력과 불법적 사건들이 자주 일어날 수 있으며, 경제적 용어를 많이 사용하는 집단에서는 어떤 문제를 해결하기 위해 경제 개념으로 접근한다는 것이다. 이들의 주장은 객관적 세계가 있고 언어가 그 세계를 대변하는 것이 아니라 언어에 따라서 그 세계가 대변된다는 것이다.

이들이 연구했던 '호피 인디언'들은 시간적 의미보다 사건의 강도에 더 큰 의미를 둔다. 풀어서 이야기하면 우리가 사용하는 '시간'의 개념은 거의 '공간'의 개념에서 비롯됐다는 이야기다. 예를 들면 너무 쉽게 우리는 '오늘 행사가 길었다.'거나 '행사가 짧았다.' 등의 표현을 쓴다. 길다거나 짧다는 언어들은 공간 개념을 시간 개념으로 은유하여 쓴 표현인데, 사실 우리는 이것이 너무 익숙해 거의 느끼지 못하고 마치 이것이 시간의 개념을 정확히 표현한 것처럼 믿어 버린다.

사건, 강도, 지속성

시간이 공간을 통한 물리적 개념이 아닌 '사건'의 '강도'에 따른 기억의 흐름이라면 호피 인디언처럼 우리도 강도에 따라 사고할 수 있다. 여기서 강도(intensity)는 물리적 개념의 강/약(strength)이 아니라 시간의 개념을 품은 감정의 '지속성'이다. 지속성이 긴 사건과 그렇지 않은 사건으로 구분 지음으로써 우리는 시간을 받아들일 수도 있다.

"난 이게 네 이야기의 시작이라고 생각하곤 했어."

엄마인 루이스 박사가 딸에게 전하는 대사다. 우리가 보통 한 사람에 대한 전기를 생각할 때 태어나면서부터 죽음에 이르기까지 일생의 행적을 기억하는 것이 보통이다. 어느 날 만난 외계인으로부터 그들의 언어를 통해 미래를 볼 수 있게 된 루이스 박사는 자신의 딸이 자신보다 어린 나이에 일찍 죽는다는 사실을 알게 된다.

그 일이 일어나지 않기 위한 방법도 그는 잘 알지만 그럼에도 불구하고 그 운명을 그대로 받아들인다. 그럴 수 있었던 것은 딸의 삶을 태어나서 죽음까지의 기간으로 한정하지 않았기 때문이다. 딸이 '왜' 태어났는지만을 생각한다면 다른 사람들보다 이른 죽음에 그녀는 출산 계획을 세우지 않았을 것이다. 하지만 그는 딸이 '어떻게' 태어났는지 안다.

루이스 박사는 딸의 탄생이 자기 혼자의 사건이 아닌 '사건'과 '사건'으로 얽혀 있다는 것을 알았다. 우리의 전기는 때문에 탄생 이전부터 이루어져 있다는 것. 때문에 죽음은 그 죽음 자체로 끝나는 것이 아니라 또다시 다른 사건들과 연결되어 지속된다는 것.

그래서 루이스는 딸의 인생의 시작을 자신의 배에서 태어났을 때가 아닌 외계인이 지구에 도착하여 접촉했을 당시 '사건'으로부터 기억한다. 루이스 박사가 행복을 '강도'와 '지속성'이 아닌 공간의 개념으로 생각했다면 딸은 탄생하지 못했을 것이다. 딸과 보낸 '시간' 속에서 분명 좋은 강도의 사건들이 존재했고, 그 지속성이 긴 강도의 사건들은 우리가 생각하는 단순한 '길다'의 의미를 훨씬 뛰어넘게 만들었다.

좋은 것은 좋은 것 자체로 존재해

아무리 상대성 이론이 완벽하게 이해된다 해도 늘 가까이 지내던 사람을 곁에서 볼 수 없다는 슬픔과 상념은 쉽게 제거될 수 없다. 감정은 '구성'되기보다는 '느끼'는 것이며, 그 느낌을 알아 가는 것이기 때문이다.

그럼에도 불구하고 사랑하는 이들을 서로 보낼 수 있는 것은 그들과 함께한 좋은 일들에 대한 것들 때문이다. 여기서 이것을 추억과 구별해야 하는 이유는 좋은 것은 '좋았던' 것으로 존재하는 것이 아니라 좋은 것 자체로 존재하기 때문이다.

우리는 좋은 것을 쉽게 좋았던 것으로 밀어낸다. 좋은 것을 밀어내고 좋을 것이라는 시간의 순서에 얽매일 때 좋은 것은 과거가 된다.

영화에서는 루이스 박사가 딸과 함께한 '좋은' 시간만을 보여 주지 않는다. 누구나 그렇듯 딸의 반항과 갈등의 시간도 함께 존재한다. 그럼에도 그 안에는 여전히 좋은 시간이 존재한다. 좋은 시간을 가져갈지, 그것을 좋았던 시간으로 밀어낼지, 아예 나쁜 시간들만 기억할지는 우리의 인식에 달렸다. 루이스 박사가 딸의 운명을 받아들인 것도 행복이 긴 생명의 연장에 있는 것이 아니라 '강도'와 '지속성'에 있다는 것을 깨달았기 때문이다. 그래서 엄마인 루이스는 딸에게 이런 말을 남긴다.

"너의 시작과 끝은 내게 별 의미가 없어. 네 삶 너머에도 너의 이야기는 존재하니까."

우리가 그토록 확신하는 인과관계는 어쩌면 우리 안에서 외양에 지나지 않을 수 있다. 중력의 법칙이 마치 모든 것들에 적용되는 것처럼 믿었지만 고작 '지구' 안에서일 뿐이다. 지속적인 현대 과학의 '생명 연장의 꿈'은 좋고 나쁨을 떠나 어쩌면 의학 기술의 발전이 아닌 새로운 '패러다임'의 결과일 수도 있다.

지구 반대편의 아프리카 지역과 관련된 질병 연구보다는 부유한 나라의 지역과 관련된 질병 연구가 훨씬 더 확대되어 가고 있으니 말이다.

우리 주변에 사랑하는 사람들을 생각해 보자. 그리고 그들과 '함께한' 좋은 사건들을 기억하자. 그 높은 '강도'는 우리가 긴 인생의 길이보다 더 의미 있는 '시간'으로 느낄 수 있다. 그럴 때 우리는 그동안 시간의 '순서'에서 지배되었던 고통에서 벗어나 새로운 시간의 인식에 다가설 수 있을 것이다.

오롯이 그의 처지에 대해
생각해 보기

영화 〈가루지기〉
Garoojigi, 2008
『여성-되기: 들뢰즈의 행동학과 페미니즘』, 김은주, 2019

얼마 선 지인들과의 식사 자리에서 일어난 일이다. 식사를 마치고 차를 마시던 중 한 사람이 강남에서 일어난 여성 상의 탈의 시위에 대한 이야기를 꺼내며, 이젠 우리나라에서도 여성에 대한 시각이 바뀌어야 한다고 말했다. 이에 다른 편에 앉아 있던 다른 사람은 하고 싶은 말이 있어도 옷을 벗는 것은 문제가 된다고 말하면서 설전이 펼쳐졌다.

남성의 언어와 시선에 대해

시위는 그동안 억압된 남성 중심의 시선에서 벗어나 여성의 몸과 남성의 몸이 다르지 않은 몸이라는 것을 알리기 위한 퍼포먼스(performance)였다. 즉, 여성의 몸을 성적 대상화로 보지 말라는 이야기다. 시위에 부정적으로 반응한 그 사람은 시위에서 주장하는 내용이 무엇인지는 알겠지만 옷이라는 것이 아름다움의 표현적 요소 외에도 자신의 몸을 보호하는 기능이 크다며, 그런 의미에서 옷을 벗는 행위는 적절하지 않다고 말했다.

현행 경범죄 처벌법 중 '과다 노출' 금지 조항에서 경범죄를 단속하는 경찰이 2013년 만든 관련 법 해설서에 남성은 성기와 엉덩이를, 여성은 성기와 엉덩이 그리고 가슴을 내놓으면 처벌한다고 규정하고 있다. 앞에 앉았던 여성은 남자의 상위는 벗어도 되고 여자는 안 된다는 부분을 지적했다. 그러자 앞의 남성은 벗는 것에 초점을 두지 말고 입는 것에 남녀 모두가 더 신경 써야 한다고 말하며 화재를 다른 것으로 돌렸다.

그동안 남성의 지배언어 속에서 살아온 우리는 남성들이 만든 언어 속에서 별다른 의식 없이 살아왔다. 언어뿐만 아니라 시선도 우리는 남성 중심의 역사에 머물러 있는 경우가 많았다. 불과 오래되지 않은 과거만 해도 한여름에 상의를 탈의하고 일하는 남성들에 대해서 우리는 크게 의식하지 않으며 살아왔다. 그 자체가 남성의 시선에 묻어진 탓일까.

그러던 중 우연히 2008년 개봉한 〈가루지기〉 영화를 다시 보게 되었다. 변강쇠를 뜻하는 가루지기를 신한솔 감독의 특유 감각으로 만들었다. 음양의 불일치로 기센 아낙네들이 주도권을 잡은 마을에서 영화는 그 배경을 설명하지만, 가루지기는 처음부터 모계사회를 뜻하는 마을을 나타낸 것이다.

영화를 보고 시시하다거나 기대에 미치지 못했다는 이야기도 있으나, 예전 『변강쇠전』이나 『가루지기전』과는 다르게 기존 우리가 알고 있는 내용을 뒤집어 새로운 관점에서 변강쇠를 바라볼 수 있게 만들었다.

바뀐 남성과 여성 사회

떡장수를 하는 청년 강쇠(봉태규)는 형과의 우연한 사고로 인해 제대로 된 성기능을 하지 못하는 남정네로 나온다. 밤일 제대로 못 하는 강쇠는 온 마을 아낙네들의 놀림거리로 살아간다. 그러던 어느 날 우연히 만난 음양통달 도사님에게 비책을 듣고 넘치는 양기를 주체 못 하는 우리가 알고 있는 진짜 변강쇠가 된다.

그러나 영화 속 어디를 찾아봐도 음기가 강한 미녀 옹녀는 찾아볼 수 없다. 영화 〈가루지기〉에서는 '옹녀' 대신 '옹녀'가 등장할 뿐이다. 하지만 좀 더 깊숙이 살펴보면 마을 전체 여자들은 색을 밝히며, 남자를 두려워하지 않는 옹녀로 대체된다. 이때 여성들은 성에 당당한 여자들의 모습을 넘어 남성 사회에서 그동안 여성을 바라보았던 담론적 이야기들을 역할을 바꾸어 그대로 보여 준다. 더 나아가 단군신화에 등장하는 우리 조상의 모태인 웅녀는 여성의 대표성을 상징하며, 영화에서는 실제 강쇠가 곰인 웅녀와 정사를 벌인다.

우리가 영화 〈가루지기〉에서 주목할 만한 점은 비가 오지 않아 제물로 바쳐지는 희생물이 여성이 아닌 남성이라는 점에 있다. 기존에 전래동화나 민요 등에서 볼 때 가뭄을 벗어나기 위한 것이나, 혹은 마을의 악을 쫓기 위해서 희생되었던 사람은 언제나 여성이었다. 그러나 여기서 희생되는 사람은 가루지기 변강쇠 남성이다.

또 하나 흥미로운 점은 비를 내리게 하기 위해 기우제를 드리는 주체가 남성이 아닌 여성들이었다는 것이다. 일반적으로 기우제나 제례의식은 모두 남성이 주체가 되어 진행되었던 것이 사실이다. 그러나 모계사회를 비추는 영화는 여성이 모든 사회 행위의 주체가 되며, 제례의식 또한 여성의 주도하에 이루어진다.

이때 변강쇠는 남성이되 단순히 여성을 만족시켜 주기 위한 남성으로 전락하고, 마을 아낙네들이 모두 변강쇠의 아이를 잉태한 경우도 강쇠는 여자 '씨받이'에서 남자 '씨주기'로 치환될 뿐이다.

모계사회에서 남자의 정자는 여성들이 아이를 낳기 위한 수단에 불과하며, 종족을 유지하고 보존하기 위한 하나의 행위에 그칠 뿐이다. 때문에 가루지기 변강쇠는 오히려 여성들의 영웅

이 아닌 여성들의 희생양일 뿐이다.

기존 남성들이 자신들의 계보를 잇기 위해 씨받이나 대리모(代理母) 등을 자행한 것을 영화 〈가루지기〉는 여성이 주체가 되어 행위주체 의 전복을 시도한 것이다. 때문에 마지막 시퀀스에서 나룻배를 묵묵히 젓고 있는 강쇠의 뒷모습은 여성을 무너뜨리는 정력의 왕 변강쇠의 모습보다 여성을 만족시켜 줘야 하는 대리부(代理父)로 전락하며, 그 안에서 잘못된 남성의 역사를 반추하게 만든다.

비를 내리게 하는 방법으로 변강쇠가 옹녀와 동침해야 한다는 이야기를 음양통달 도사님에게서 듣지만 실제 비를 내리게 한 것은 변강쇠와 옹녀의 동침이 아니라 마을 사람들이 모두 모여 간절한 맘으로 함께 드린 기우제이다.

즉, 음양의 조화는 말 그대로 소수의 조화가 아니라 우리가 사는 세계의 전체 조화를 말한다. 따라서 비를 내리게 하는 것도 우리 모두의 노력이지, 단순히 한 명의 희생된 주술적 노력으로 이루어지는 것이 아니다.

특수와 보편의 논리

얼마 전 페미니즘(feminism) 토론 자리에서 어떤 남성이 결국

에는 '약자'를 보호해야 되는 것 아니냐며 '성'의 담론으로 이야기하는 것보다 '약자'의 문제로 다가서는 것이 핵심 아니냐고 말했다. 즉, 페미니즘도 결국 '약자'들을 위한 하나의 논리 아니냐는 것이다. 이렇게 되면 약자들을 위해야 하는 보편의 논리이지 이것이 어느 집단에 특정된 특수 논리가 아니라는 것. 당시 토론 자리에서 이에 대해 다양한 의견들이 오고갔다.

페미니즘도 다른 영역에서 나타나는 억압받는 자들이라는 부분에서는 보편이 맞지만 억압을 받는 자들은 여성이라는 '특수자'들이다. 우리는 사람이라는 보편에 있지만 남성과 여성이 다른 '특수자'들이다. 우리가 사람이라는 보편의 시각으로 이 문제를 풀어 가려 하면 '사람'이라는 부분에서 출발하고, 특수자의 논리에서 출발하면 여성에서 시작한다.

우리는 누구나 사람이라는 보편이 있기 때문에 여성이라는 문제에 대해서도 인간이라는 보편 안의 약자의 관점에서 풀어 나갈 수 있다는 의견과 페미니즘의 문제는 여성의 특수자라는 관점에서 출발해서 보편에 도달해야 한다는 의견으로 나뉘었다.

'여성의 특질을 갖추고 있는 것'이라는 라틴어 페미나(femina)에서 파생한 페미니즘은 당연히 여성의 관점에서 여성 해방 이데올로기를 말하고 있다. 이들이 우려하는 것은 만약 이것이 인간이라는 보편의 문제로 출발하게 될 때 여성의 특질은 감추어지고 또다시 남성 중심의 제도나 혜택들이 이루어질 수 있다는 것.

누군가는 이 문제를 역지사지(易地思之)의 관점에서 생각해 보아야 한다고 말한다. 그럼 영화 〈가루지기〉로 돌아가 보자. 역지사지는 처지를 바꾸어 생각해 봄이라는 뜻인데 〈가루지기〉에서 그동안 남성이 보여 주었던 모습을 그대로 여성이 재현했을 때 만약 보는 내내 남성으로서 불편한 맘이 느껴졌다면, 그것은 그동안 내가 남성 중심의 시선에 머물러 있었다는 방증이다.

그러나 우리가 하나 더 생각해 봐야 할 부분은 역지사지가 처지를 바꾸어 생각해 본다고 해석할 때 일어날 수 있는 문제들이다.

〈가루지기〉에서 여성들이 초기 남성의 역할을 제대로 못 하는 변강쇠를 놀리고 따돌리는 장면은 분명 여성들이 잘못하고 있는 것처럼 보인다. 하지만 만약 역지사지하려고 처지를 바꾸어 생각해 봤는데 그렇게 바꾸어 생각해 봐도 아무렇지 않으면 어찌 되는가?

누군가 살짝 베어서 피가 흐르는 모습을 보면 역지사지로 그가 얼마나 아플까 생각되지만 내가 만약 더 크게 베인 상태로 피가 많이 흐르고 있는 상태라면, 역지사지로 그의 아픔을 꾀병처럼 볼 수도 있다. 그래서 역지사지가 제대로 발휘하려면 '오롯이 그리고 오로지' 그의 처지에 대해서 생각해야 한다.

여성학자 김은주는 질 들뢰즈(Gilles Deleuze)의 '되기' 개념을 통해 여성-되기를 강조한다. 일부 어느 학자들은 '성차'는 존재하지 않는다고 주장한다. 그런 맥락에서 페미니즘 혹은 여성이라는 정의는 젠더나 생물학적 접근보다는 남성의 중심 권력 및 남성의 역사에서 밀리고 소외된 모든 사람을 지칭할 수도 있다. 그런 맥락에서 영화 속 강쇠는 또 하나의 여성적 이미지로 치환된다.

오롯이 그리고 오로지 그의 처지에서 생각해 보는 것은 얼마나 어려운 일인가? 때문에 우리가 단순히 처지를 바꾸어 본다고 특수자인 여성의 고통을 온전히 이해할 수 있는 것은 아니다. 그리고 오롯이 그의 처지에서 생각하기란 더욱 어려운 일이다. 때문에 우리가 먼저 그들의 외침이 무엇인지 귀 기울여 주는 것이 필요하다.

〈가루지기〉에서 그동안 남성들이 행해 온 것들을 여성들이 그대로 '재현'함으로써 남성들이 영화를 보는 내내 불편함을 느꼈다면, 이제 이 영화를 보고 나서는 그들이 주장하는 것이 무엇인지 귀 기울여 보는 것은 어떨까. 이해관계를 떠나 사람과 사람에 대한 '관심' 곧 인류애는 우리가 사람임을 증명하는 가장 기본적인 모습일 것이다.

생명의 존엄과 자기 결정권을
품고 있는 '말'에 대해

「더 인간적인 말」

정영수, 2017

어느 날 한 변호사에게 전화가 걸려왔다. 당신의 이모가 유산으로 적지 않은 재산을 남기겠다는 소식이었다. 유산은 죽은 사람이 물려주는 것이지만 이모는 여전히 살아 있었다. 도대체 어찌 된 일인가?

현실과 도리

정영수 소설 「더 인간적인 말」의 이야기다. 주인공 '나'와 아내 해원은 사회적으로 소위 부러울 것 없이 살아가는 부부다. '나'는 대형 신문사에서 곧 차장으로 승진할 사람이었고, 아내는 조교수로 임용되어 정교수로 갈 수 있는 위치에 있다.

소설에서 이 두 부부의 관계는 '현실적'으로는 전혀 문제가 없음에도 불구하고 '관념적' 이야기가 나오면 서로 매번 논쟁이 붙어 합의 이혼을 하자는 결심에까지 이르게 된다. 이러한 과정 중에 전화 한 통이 걸려오는데 바로 이모의 변호사였다.

여기서 '도리'를 중시 여기는 아내 해원은 이혼을 앞두고 있지만 이모 집에 같이 가자고, '현실적'인 남편 '나'에게 말한다. 둘은 경제적 안정권에 있는 사람들로 나오며, 이모의 유산 소식이 자신들에게 아주 큰 영향을 미치지 않는 환경이다.

살아 있는 사람이 증여가 아닌 상속을 하게 된 경위를 알기 위해 이모를 찾아갔을 때, 그들은 이모가 '안락사'를 준비하고 있다는 소식을 듣게 된다. 안락사를 합법적으로 시행하고 있는 스위스로 가려고 한 달 전부터 죽음을 준비한 것이다.

조카인 '나'는 당연히 이 소식을 듣고 분개하며 이모를 말리지만, 자식이 없던 이모는 그의 '말'에 꿈쩍하지 않는다. 이미 '나'의 엄마인 여동생이 여러 번 말렸지만, 이모의 확고한 의지를 꺾을 수는 없었다. 비교적 현실적인 조카인 '나'와 '도리'를 중시 여기는 아내와 함께 여러 번 찾아가 '말'하지만 이모의 맘은 바뀌지 않는다.

이모는 아픈 곳이 있는 것도 아니었고, 사업으로 어느 정도 재산을 축적한 상태라서 경제적 고통 때문에 자살을 선택하려는 것도 아니었다. 여기에 바로 이 소설의 핵심이 담겨 있다. 보통 안락사를 선택하는 사람들의 대부분은 정신적이거나, 육체적 고통 때문에 선택하는 경우가 많다. 하지만 이 소설에서

_____ 문화는 우리를 어떻게 위로하는가

는 이모가 죽음을 선택하는 그런 '일반적' 이유가 보이지 않는다. 때문에 현실적인 조카나 '도리'를 중시 여기는 아내 해원의 이야기가 이모에게는 설득력을 상실한다.

생명의 존엄과 자기 결정권

작가는 비교적 사회의 안정된 위치에서 삶을 살고 있는 조카와 이모를 등장시킴으로써 '죽음'이라는 것에 대해 상황적 이유가 아닌 본질적 이유에 접근하길 원하고 있다. 그렇게 육체적으로 또는 정신적으로 고통 속에 있다면 누구나 안락사를 생각할 수 있다는 조건을 배제하기 위해 작가는 조카와 이모의 외부 환경을 이렇게 만든 것이다.

현재 우리 사회에서 '존엄사'는 시행되고 있지만 안락사에 대해서는 찬반을 떠나 아직 구체적 언급이 활발히 이루어지지 않는 상태다. 이유는 '생명의 존엄'때문이다. 이에 소설은 등장하는 이모를 통해 생명의 존엄 대신 '죽음에 대한 자기 결정권'을 들이밀고 있다.

작가는 '나'를 통해 '더 이상 육체를 완벽하게 통제하지 못하는 절망적인 상황이 된다면 선택할 수 있는 하나의 옵션'으로 안락사를 전하고 있다. 치매나 정신질환 또는 육체적 컨트롤이

안 되는 상황이 다가와 내가 나를 결정하지 못하기 전에 내가 나를 결정하고 생을 마치고 싶다는 것이다. 물론 육체는 우리의 통제 대상이 아니다. 육체는 정신과 함께 조화의 대상이다.

하지만 일본 드라마 〈오싱〉의 작가 하시다 스가코(95세)도 한 월간지에 「나는 안락사로 가고 싶다」라는 글을 기고해 큰 반향을 일으켰다. 노령화 사회로 접어든 일본에서 일어난 것이라서 이웃 국가인 우리나라에서도 이 이야기가 큰 이슈로 떠올랐다.

정영수 작가는 소설 「더 인간적인 말」을 통해 안락사의 문제를 '생명의 존엄'과 '죽음에 대한 자기 결정권'의 대립으로 놓고 있는 것처럼 보이지만, 사실 그 안에 우리가 해야 하는 일들을 먼저 지적하고 있다. 소설의 후반부에 들어가면 조카인 '나'와 아내 해원은 이모의 마지막 죽음의 길에 동반하며 스위스로 떠난다.

그리고 마지막 장면에서 죽음의 장소로 들어가는 이모와 죽음의 조력자로 나오는 의사 가운을 입은 사람을 바라보며, 둘은 무슨 말을 해야 할지 몰라 마치 말하는 법을 잊어버린 사람처럼 그곳에서 기다리며, 혹은 아무것도 기다리지 않는다고 말하며 소설은 끝이 난다.

아직 안락사에 대해 이런저런 공론이 일어나지 않은 우리 사회에서 어쩌면 주인공들이 무슨 말을 해야 할지 몰라 하는 것은 당연한지도 모른다. 안락사에 대한 도덕적 혹은 윤리적 차원과 개인의 차원에 대한 자기 결정권의 두 가지 가치 판단을 내리기는 쉽지 않을 수 있다.

더 인간적인 말을 찾아

다만 이러한 과정을 위해서 먼저 우리는 합리성과 현실성의 '말'과 도리의 '말'에만 의지하지 말고 다른 '더 인간적인 말'을 찾기 위해 더 다양한 언어를 찾는 노력이 필요하다. 이러한 노력이 있을 때 자기 결정권에 대한 우리가 놓친 오류나 도리로 이어진 도덕과 윤리라고 이름 붙인 것 중에 우리가 오류를 범하고 있는 것은 없는지 살펴볼 수 있다.

그리고 마지막으로 우리가 이런 '더 인간적인 말'을 찾으려 할 때 이모에게 죽음의 장소로 오르기 전 그에게 무언가 한 번 더 생각할 수 있는 여지를 줄 수 있는 것이다. 우리가 이러한 노력을 해야 되는 이유는 소설 속 문장에서 살펴볼 수 있다.

"우리에게 말이란 모든 문제의 원인임과 동시에 해법이었고, 우리 관계에 있어 시작과 끝이었고, 사실상 모든 것이었고, 그것이 사라진다면 그녀와 나 둘로 이루어진 공동체는 존재의 의미를 상실하는 거나 마찬가지였다."

위의 문장은 안락사라는 무게감 있는 주제에 대해서만 국한되는 내용이 아니라, 처음 주인공 '나'와 해원이 이혼하려는 이유에 대해서도 같은 논리로 접근할 수 있는 근거이다. 물론 현실에서 여러 가지 이혼할 수밖에 없는 상황이라면 말은 달라지겠지만 소설에서 두 부부는 현실에서는 전혀 문제가 없는데 관념이나 이념적인 문제만 주어지면 매번 갈등의 상황으로 치닫는다.

주인공 부부가 '현실'과 '이념'이라는 두 가지 부분에서 마치 현실에는 문제가 없고 관념이나 이념에만 문제가 있는 것처럼 보였지만, 실은 둘 다 '더 인간적인 말'을 찾으려는 노력이 없었기 때문에 이혼 이야기까지 나왔다.

그리고 둘은 논쟁 속에서 일어난 갈등을 피하기 위한 방법으로 서로 '침묵'하기로 다짐하지만 이것은 이모라는 사건을 통해 그들이 다시 입을 열고 '말'을 하게 되는 계기가 된다. 이를 통해 작가는 우리가 결국 '유기적인 관계'일 수밖에 없음을 드러낸다.

이제 우리는 우리가 직면한 것 외에 다양한 사회의 문제들에 대해 다같이 '더 인간적인 말'을 찾아 나서야 한다. 이유는 우리가 유기적 관계의 인간이기 때문이다.

'질환'에서 '질병'으로
인식하기

『몸의 증언』
아서 프랭크, 2013

어느 날 평소 가깝게 지내던 친구의 얼굴이 동창 모임 때 보이지 않았다. 모임을 마치고 들어가는 길에 그 친구에게 전화를 해 보니 목소리가 좋지 않았다. 이유를 묻자 얼마 전 몸이 좋지 않아 병원을 찾았는데 암이 의심된다는 이야기를 들었다는 것이다.

그러고는 다음 주에 정밀 검사를 받기로 했는데 그사이 혹시 좋지 않은 소식을 들으면 어쩌나 하는 맘에 머릿속이 복잡해져서 모임에 나가지도 못했다는 건조한 목소리를 들려주었다. 그리고 아무런 일이 없기를 바라는 맘으로 일주일을 모른 척 지나자 그 친구에게 다시 전화가 걸려왔다. 검사 결과 아무 이상 없다는 소식과 함께.

그날 저녁 만난 친구의 얼굴은 많이 수척해 보였으며, 이 세상의 험난한 풍파를 다 겪은 듯한 얼굴이었다. 친구는 술잔을 기울이며 나에게 그동안 겪은 이야기를 토로했다. 다른 건 몰라도 자신의 병이 암일 수도 있다는 말을 의사가 너무 건조하고 심드렁하게 얘기하더라는 것과 그 얘기를 듣고 무기력하게 아무것도 할 수 없었던 그때 상황을 얘기했다.

당시 절박한 심정에 몇 가지 더 묻고 싶은 질문이 있었으나 자신의 얼굴도 보지 않고 정밀검사를 받으라는 말만 되풀이하는 의사를 뒤로하고 그냥 돌아서 나올 수밖에 없었다고 한다. 다시는 그 병원을 못 갈 것 같다는 말도 덧붙였다.

모든 의사가 그런 것은 아니다. 드라마 〈슬기로운 의사생활〉에 등장하는 인물들처럼 좋은 의미에서 환자에게 잊을 수 없는 경험을 준 의사도 분명 존재한다. 폐암으로 투병 중일 때부터 임종과정까지 어머니에 대한 관심과 배려를 놓치지 않고 살폈던 의사도 나의 기억 속에 여전히 남아 있다.

어찌 되었든 의심되는 병명을 듣고 일주일 동안 아무것도 할 수 없었다는 그 친구의 이야기는 다만 현대 사회를 사는 우리에게 한 개인의 이야기로 들려오지 않는다.

『몸의 증언』의 저자 아서 프랭크는 사회학자이면서 자신이 직접 겪은 암의 체험담을 통해 그와 비슷한, 혹은 더 심각한 고통과 절망 속에 있는 환자들이 어떻게 자신들의 문제를 넘어서고, 넘어설 수 있는지 매우 밀도 있게 서술하고 있다. 미리 말해 두지만 이 책은 암을 치료할 방법을 말해 주는 책이 아니다. 절망이라고 명명하는 '질환'에서 우리가 이것을 어떻게 인식하고 그 인식을 바탕으로 어떻게 나갈 것인지에 대해 안내해 주는 책이다.

'나는 아프다'라고 번역된 『지하생활자의 수기』 첫 문장을 보면 도스토옙스키는 주인공이 '질환'이 아닌 '질병'을 '인식'하고 있음을 암시한다. 어느 병원에서 또는 어느 의사가 그저 병명을 일러 준 대로 받아들이는 식이 아닌, 내가 의식한 '나는 아프다'라는 뜻이다. 이것은 넓은 의미에서 '선언'이다. 전문의에 의한 명명된 것을 그대로 받아들이는 질환(disease)이 아니라 사회 과정 속에서 개인의 경험을 통해 갖는 '형성'된 질병(illness)이다.

하지만 우리는 대체로 우리가 알고 있는 병에 대해 '질환'으로 의식하고 있으며, '질병'으로 인식하기까지는 매우 큰 노력과 시간이 필요하다. 그럼 우리는 왜 질병이 아닌 질환으로 의식하고 살아가는 것일까?

그에 대해 저자는 이것을 전-모던(pre-modern), 모던(modern), 그리고 포스트모던(postmodern)의 관계로 나누어 설명한다. 전-모던에서 모던으로, 그리고 모던에서 포스트모던으로의 경계 건너기는 '목소리'라는 문제와 연관된다(본문 p47). 그리고 포스트모던 시대는 자기 자신의 이야기를 말하는 능력이 복원되는 때이다(본문 p48).

전-모던의 시대에는 종교와 주술 또는 가족과 이웃이 병에 대해 주관하는 역할을 했으나, 지나친 '관습화'로 인해 문제의 객관성이 담보되지 못했다면, 모던의 시대에는 아서의 지적처럼 개인의 목소리가 사라지고 오직 '과학'이 이성과 합리주의를 바탕으로 자리 잡게 되었다.

때문에 우리가 어떤 질환이라는 병명을 들었을 때 우리는 오직 과학이란 것에만 기대어 생각하고 의지하여 그 친구의 경험처럼 아무것도 할 수 없는 무기력에 빠지게 된다. 이것은 의사만의 잘못도 아니다. 의사는 지금까지 배워 온 대로 오직 '차트(chart)'에 의지했을 뿐이다.

이에 대해 저자는 이 차트가 주는 상징성이 과학만능주의에 의한 이성과 합리주의의 결정체임을 암시한다. 사실 이성과 합리주의 자체가 문제인 것은 아니다. 다만 저자는 모던이라는 '구조주의' 안에서 인간이 자유롭지 못하게 인식하고 행동하는 것을 우려하는 것이다. 이 구조주의 안에 머물면 의사도 '차트(chart)'를 넘어 '더 인간적인 말'로 환자에게 다가서는 것이 익숙하지 않게 된다.

환자는 자신이 질환이 아닌 질병에 걸렸다는 자각이 중요하다. 이것은 '분석'에 대한 문제가 아니다. 오롯이 자신에 대한 '해석'의 부분이 남는 것이다. 환자들은 자신의 질병을 '해석'하는 것이지 '분석'하는 것이 아니다. 자신이 처한 상황은 과학적 명명을 통해 분석된 질환을 분석해도 다시 회귀하는 것은 그들에 의한 분석뿐이다.

이와 관련하여 우리가 부딪히는 병원의 공간은 '위치적 공간'이 아닌 '상황적 공간'이다. 잘 생각해 보면 우리가 병원에 가려고 했던 것은 사거리 중심에 있어야 하고, 이러저러한 의료 장비가 있는 '위치적 공간'의 병원이 아니다.

자신의 현재 상황에 대해 이해하고 향후 미래 예지를 가늠할 수 있는 '상황적 공간'의 병원을 요구하는 것이다. 내가 병원에 있다는 자각은 지리적 위치에 의한 위치적 공간의 자각이 아닌 의사가 환자인 나와 '소통'하는 가운데 느껴지는 상황적 공간 속의 '자각'이다. 상황적 공간과 위치적 공간에 대한 부분이 궁금하다면 메를로 퐁티의 『지각의 현상학』을 함께 읽어 보기 바란다.

하지만 우리가 그토록 원하는 상황적 공간은 매 순간 만나기 어렵다. 왜 그럴까? 위에서 아서가 언급한 것처럼 과학의 이성과 합리주의만 맹목적으로 의지했던 '모던' 시대의 의식이 우리를 가득 채우고 있기 때문이다. 대부분의 우리는 병원에 불만이 있더라도 병원에서 시키는 것들을 무조건 믿고 따른다. 즉 과학의 권위에 눌려서 자신의 목소리를 내지 못하는 것이 아서가 책에서 표현하는 '훈육된 몸'이다.

우리는 질환이라는 '사실'에서 나에게 자각된 질병이라는 '본질'을 알기 위해서 '사실'의 단절을 필요로 하는 것이 아니다. 아서도 지적했듯이 만약 단절이 필요하다면 모더니즘과 포스트모더니즘의 경계의 구분이 명확할 것이다. 여기서 '사실'에서 '본질'로의 이행은 아서도 말했듯이 '이념성'에 바탕을 둔다.

책에서 나타난 네 가지 이념형들인 훈육된 몸, 비추는 몸, 지배하는 몸, 소통하는 몸은 각각 의미를 담고 있다. 훈육된 몸은 모던이라는 구조 안에서 길들어진 우리를 얘기하며, 비추는 몸은 모든 것을 '소비주의'적 관점에서 생각하는 우리의 몸을 얘기하고, 지배하는 몸은 우연성에 기대어 일어나는 것을 의미한다. 여기서 저자가 강조하는 것은 당연 '소통하는 몸'이다.

이 4가지 이념형을 통해 그가 말하는 본질을 '간접적'으로 설명하고 있다. 그래서 아서는 단언한다.

"이념형은 꼭두각시."

왜냐하면 이념은 '사실'에서 '본질'로의 진행을 위한 수단일 뿐이기 때문이다.

현대 사회에서 여전히 아서가 말하듯 '회복사회'의 물리적 존재는 모던적이다. 왜냐하면 대부분의 질환이 '생명연장'의 측면에서 현대의학에 의해 고쳐지거나 긍정적 효과를 얻고 있기 때문이다. 하지만 단지 질병과 함께 살아간다는 것이 무엇을 의미하는지 의식하게 만드는 것은 포스트모던적이며, 그 안에서 대체의학도 나타난다.

하지만 대체의료는 매우 조심할 필요가 있다. 이유는 과거 전-모던의 치료법 같은 관습이 여전히 존재하며, 이것이 모던적 부분을 간과하고 바로 침투했을 때 포스트모던적 대체의학은 또다시 주술적 의료 행위로밖에 남지 못한다. 이러한 맹목적 관습은 주체성의 자기 목소리를 제대로 낼 수 없기 때문에 위험하다.

만약 우리가 이성과 합리주의의 시대인 모던적 시대를 거치지 않았다면 개인의 자기 목소리 또한 온전히 나올 수 없다. 이유는 개인의 이야기는 이성과 합리주의의 '반성의 성찰'이라는 생각과 행위를 통해서만 도달할 수 있기 때문이다.

하지만 아픈 환자에게 자신의 이야기를 하거나 쓰라는 것은 어떤 측면에서는 또 다른 고통일 수도 있으며, 가학적 요구일 수도 있다. 그래서 포스트모던은 이성적이고 분석적 글을 요구하는 게 아니다. 지극히 자신이 느낀 '감정'을 그대로 발현하기를 말하는 것이다.

이성적 분석의 글쓰기가 아닌 '감정'에 의한 글쓰기는 이미 마사 누수바움이나 수많은 감정 관련 학자들이 주장했듯이 감정 자체가 사회가 요구하는 도덕적 또는 인식적 '판단'이 될 수 있다는 믿음에서 기인한다. 이미 서구의 다양한 사회에서는 자신의 질병에 대해 스스로 말하거나 책을 출간하기도 한다.

자신들이 질병이라는 고통 가운데 있음에도 불구하고 이렇게 쓰는 이유는 이를 통해 자신이 이미 '구조화'된 과학의 이성적 만능주의에 무기력하게 아무것도 할 수 없는 인간이 아님을 증명하는 동시에 세상에 대해 같이 소통하려는 의지 때문이다. 포스트모던은 그 개인의 목소리의 복원성에 힘을 두고 있다.

만약 이러한 이야기들이 점점 우리 사회에 더 크게 퍼져 나간다면, 짧지만 나의 친구가 겪은 일주일 동안의 아무것도 할 수 없는 현상들은 많이 달라질 것이다. 우리 주변에 너무 큰 고통으로 인해 무기력하게 빠져 있는 사람들이 있다면, 그들에게 우리의 귀를 열어 주고 그들의 얼굴을 응시하며, 우리의 펜을 건네주면 어떨까. 이것이 곧 우리가 그들로부터 받을 수 있는 큰 깨달음이며, 우리의 존재적 증명이다.

겹겹이 연결되어 있는
우리

영화 〈하녀〉

The Housemaid, 2010

한 여자가 고층 빌딩 난간에 아슬아슬하게 매달려 있다. 그녀는 아래를 내려다보며 발길을 난간 밖으로 조금 더 움직인다. 그리고 밑으로 추락하여 스스로 목숨을 끊는다.

쉽게 그곳을 나오지 못하는 우리

운동을 하던 사람, 일을 하던 사람, 지나가던 사람 등이 그 자살을 지켜보고 있었다. 이윽고 사이렌이 울리고 시체가 처리되자 사람들은 언제 무슨 일이 있었냐는 듯 그 여자의 죽음을 서둘러 잊어버린 채 각자의 길로 사라진다. 여기까지가 영화 〈하녀〉의 오프닝 시퀀스다.

그리고 그 장소에 함께 있었던 은이(전도연)는 이혼 후 친구와 함께 식당 일을 하면서 나름대로 자신의 삶을 충실히 꾸려 나간다. 그러던 어느 날, 유아교육과를 다닌 이력으로 상류층 대저택에 이력서를 넣었던 것이 통과되면서 그녀는 그 집의 하녀로 들어간다.

은이는 조그마한 아파트도 한 채 있고, 아이가 있는 것도 아니다. 소위 부양할 사람이 있는 것도 아니고, 절대 빈곤층도 아니라는 의미다. 그러나 그녀는 스스로 상류층의 하녀로 들어간다. 그리고 집안일을 총괄하는 나이 든 '병식(윤여정)' 역시 아들이 검사이지만 그 집의 하녀 역할을 지속한다.

여기서 은이와 병식의 공통점이 발견되는데 스스로 하녀가 되었다는 점이다. 상류층의 대저택에서 그들은 상류층이 먹다 남은 것을 먹지만 그것들은 일반 사람들이 먹을 수 없는 고급스러운 것들이다. 둘은 굳이 고급스러운 것들의 잔여물을 취하지 않아도 얼마든지 살아갈 수 있는 사람들이지만 쉽게 그곳에서 나오지 못한다.

은이는 쌍둥이를 임신 중인 해라(서우)를 외면한 채 주인집 남자 훈(이정재)과 정사를 나누며, 그와의 사이에서 임신한다. 해라의 엄마의 집요하고 혹독한 압력 속에서도 은이는 결국 아이를 낳기로 한다.

병식은 상류층 집에서 오랫동안 일한 탓일까. 자신도 상류층의 일부가 된 것처럼 행동한다. 은이는 병원에서 자신의 집으로 돌아갈 수 있는 기회가 있었지만 다시 상류층의 집으로 들어

간다. 그녀 역시 상류층 일원이 되고자 하는 욕심을 조심스레 꿈꾸지 않았을까.

자살이 의미하는 사회적 관계

둘의 상상이 깨지는 날. 상류층의 일부처럼 살기 위해 비인간적인 행동을 해야 했던 병식이나 아이를 가지고 그곳을 먼저 떠나지 못한 은이의 상상이 깨지는 날. 둘은 결심을 하고 만다. 아이를 강제로 낙태당했던 은이는 훈과 해라가 보는 앞에서 분신자살을 한다. 그리고 병식은 그 집을 떠나는 길을 택한다.

병식처럼 현실을 외면한 채 그 집을 떠날 수도 있었지만 은이는 매우 고통스러운 분신이라는 자살을 선택한다. 그것도 훈과 해라, 그리고 해라의 딸이 보는 앞에서. 왜일까?

다시 영화의 오프닝 시퀀스로 돌아가자. 아무도 모르는 어떤 여성이 고층 빌딩의 난간에서 떨어져 자살했다. 그냥 한 번 보고 지나칠 일인가. 그렇게 자신의 존재를 알리기 위해 은이는 뜨거운 불 속에서 오열을 토해 냈지만 그 일이 지난 후 훈과 해라는 아무런 일이 없었다는 듯 그들만의 여유를 다시 누린다.

그러나 그 사건의 모든 것을 본, 해라의 여섯 살 된 딸 나미는 그들이 누리는 여유에 동참하지 않고 어린아이의 독특한 시선으로 다른 곳을 응시하며 영화는 끝난다.

우리와 아무런 관련이 없다고 생각하는 죽음에 대해 우리는 정말 아무런 관련이 없는 걸까. 고층에서 떨어진 여성이나 분신한 은이에 대해 우리 세대가 모른 척할 수 있을지 모르지만 그다음 세대의 눈까지 속일 수는 없다.

자신의 억울함과 비통함 때문에 자살한 여성의 죽음에 대해 혹 우리는 겹겹이 연결되어 있지는 않은가 생각해 본다. 늦게나마 상류층의 '하녀'에서 벗어난 병식의 길에 씁쓸함과 연민의 정이 함께 느껴진다.

우리는 종종 뉴스를 통해서 자살이라는 소식을 접할 때가 있다. 그 대상은 연예인이 될 수도 있고 정치인이나 기업의 대표일 수도 있으며, 평범한 범인(凡人)이 될 수도 있다. 그런데 이런 광경을 접하게 되는 사람들은 대부분 그들이 '왜' 죽었는지를 먼저 궁금하게 여기며, 그다음으로 '어떻게' 죽었는지를 살피게된다. 나의 친지도 지인도 아닌 죽음에 다른 사연보다 깊이 생각하는 이유는 무엇일까.

『그러나 개인은 진화한다』의 저자 남재일은 타자의 죽음이 우리의 삶과 전혀 무관하지 않기 때문이라고 전한다. 목숨을 끊어 버린 사람에 대한 지독한 두 가지 궁금증은 행여 내 삶이 저죽음에 개입되지 않았냐는 막연한 무의식적 죄의식과 저렇게 버릴 수도 있는 목숨을 나는 쓸데없이 꼭꼭 부둥켜안고 있는 것 아니냐는 죽음에 대한 호기심을 '왜'와 '어떻게'를 통해 재빨리 그 죽음의 범주에서 벗어나려는 이유라고 설명한다. 한마디로 자살 동기는 죽은 자의 사연을 설명하는 범주가 아니라 산 자에게 희망을 놓기 위한 범주라는 것.

그러나 자살은 그저 한 개인의 문제가 아닌 사회의 구조적 문제이며, 사회적 환부를 드러내 주는 하나의 징후이고, 사회의 안티테제(antithese)다. 사실 자살도 시대의 흐름에 따라 변화해 온 것이 사실이다. 자살자에 의해 보다 사회의 구조적 모순과 환부를 드러내 주는 역할에 대한 진화 말이다.

원인 제공자 찾기 쉽지 않아

그것의 대표적 예가 고층 빌딩의 투신자살이다. 남재일 저자는 흔히 자살에 성공하려면, '죽고 싶은 욕구', '죽이고 싶은 욕구', '죽임을 당하고 싶은 욕구', 이 세 가지가 충족되어야 한다고 주장하면서, 이것 중 고층 빌딩의 투신자살은 '죽고 싶은 욕구'에 가장 충실하면서 신체 훼손이 가장 심하기 때문에 '죽임을 당하고 싶은 욕구'에도 충실하다고 전한다.

제도에 의한 매개 과정이 복잡하지 않았던 전근대사회에서는 자살자가 원한의 당사자를 알고 있다. 그래서 그 원한을 죽은 후에도 갖기 위해 자신의 신체를 훼손하지 않는다. 그러나 현대 자본주의 사회에서는 자신을 어려운 삶으로 몰고 간 원인 제공자를 찾기 쉽지 않다.

때문에 귀신으로 귀환해서도 살의의 대상을 찾을 가망이 없을 때 그 분노는 무기력한 자신에 대한 살해 욕구로 전이되며, 피범벅이 된 시체의 전시는 그 상황에서 원인 제공자가 된 익명의 다수를 향한 발언이 된다. 이처럼 현대 산업 구조 안에서 탄생된 고층 빌딩의 퍼포먼스에는 극도의 분노와 극도의 절망이 함께 공존한다고 책은 전한다.

은이(전도연)는 자신의 죽음을 통해 자신과 같은 처지인 사람들이 더 이상 나오지 않기를 바라는 마음과 뭔가 사회에 대해 경종을 울리고 싶다는 마음이 복합적으로 움직여 가장 고통스러운 분신을 택했을 것이다.

시간이 지나자 훈과 해라는 아무런 일이 없었다는 듯 그들만의 여유를 다시 찾는 것처럼 보이지만 영화를 보고 있는 관람자들은 그들의 여유를 더 이상 동경하지 않는다.

영화 〈하녀〉에서 또 하나 살펴볼 점은 훈(이정재)을 중심으로 그를 빼고는 모두 여성이라는 점이다. 가부장제적 사회 환경에서 여성들은 주체적으로 자신의 삶을 찾아 이어 가지 못하고 훈을 중심으로 삶을 이어 갔다.

그러나 그 모든 것을 본 해라의 여섯 살 된 딸 나미는 그들이 누리는 여유에 동참하지 않고 자신만의 시선으로 다른 곳을 응시하며 영화는 끝난다. 물질만능주의의 현대 소비사회에서 우리를 이렇게 비참하게 몰고 가는 것이 마치 희망이 없는 것처럼 보이지만, 영화는 나미를 통해 다른 시선을 바라보는 대안적 모습과 그것이 어린아이라는 것을 통해 우리에게 여전히 희망이 있음을 암시하고 있다.

현대 사회에서 자살이 보여 주는 의미는 위에서 언급한 것처럼 제도의 문제에 있으며, 그중에서 아이들과 여성들이 가장 큰 피해자다. 투신하는 여성과 아이들은 사회에서 발언권을 얻지 못한 사회 약자들이며, 남성들 또한 이러한 것을 깨닫지 못할 때 제도의 희생양이 될 수 있다.

사회와 타인에 대한 열정과 관심을 놓치지 않을 때, 우리는 주인이 시키는 것만 행하는 '하녀'에서 벗어날 수 있으며, 그 너머의 도무지 알 수 없을 것 같은 복잡한 사회 제도의 중층적 모습 속에서 나와 우리의 모습이 서서히 보이기 시작할 것이다.

4장

고 독 감 을   느 낄   때

보이지 않는 실체에 대한

신념과 믿음에 대한
단상

영화 〈독전〉

Believer, 2018

내가 어릴 적 유도라는 운동을 할 때였다. 그중 '가위치기'라는 당시 금지 기술이 있었는데 이 기술은 상대 선수의 큰 부상을 많이 일으키기 때문에 사용이 금지되었다. 그럴수록 그 기술에 대한 이상한 소문은 더해 갔고, 어느 날 내가 다니는 도장에 이 기술의 전설적 인물이 있다는 이야기가 나돌기 시작했다.

실체를 확인하지 않는 실체들

이 이야기 이후 갑자기 그 기술을 실제 사용하지는 않지만 훈련 시간에 비슷하게 연습하는 사람들이 늘어나기 시작했고, 그 중에 가장 실력이 좋았던 한 선배가 마치 그 기술의 전설의 인물이 자신인 듯 행동하기 시작했다. 그러면서 그 선배는 체육관 안에서 암묵적으로 영웅적인 대접을 받게 되었다.

하지만 어느 날 관장님이 들려준 '사실'은 관장님 친구분의 이야기였고, 그와 대련한 상대 선수는 심각한 부상을 입고는 운동을 더 이상 못하게 되었다고 전했다. 평소 그 선배를 따르던 후배들은 이 사실을 듣고 적지 않은 충격에 빠졌고, 그 선배는 어느새 다른 체육관으로 자리를 옮겼다.

당신은 가끔 떠돌아다니는 '찌라시'나 누군가에게서 전해 들은 이야기를 아무런 의심 없이 믿거나 심지어 다른 사람에게 마치 내가 직접 들었던 이야기인 것처럼 얘기해 본 적 없는가?

그러다 시간이 오래 지나 내가 했던 말이 기억조차 나지 않을 때, 그 확인되지 않은 실체를 우리는 그냥 믿어 버린 적은 없는가. 문제는 여기서 더해 실체를 확인하는 작업을 건너뛰고는 이제 그 실체가 자신이라고 하는 사람들이 생긴다는 데 있다. 이런 관점에서 영화 〈독전〉을 살펴보자.

보이지 않는 실체를 쫓을 수 있는 건 신념 때문

경찰 팀장인 조원호(조진웅) 형사는 마약왕 이 선생을 오랫동안 쫓고 있다. 하지만 외모나 인간관계, 신상 정보에 대해 아는 것이 아무것도 없다. 그가 아무 정보 없이 보이지 않는 실체를 쫓는 것은 오로지 그의 '신념' 덕분이다.

그를 쫓는 와중에 동료 직원이나 아는 사람들이 하나둘씩 희생당하자, 그는 이 선생을 꼭 잡고 말겠다는 의지를 더욱 불태운다. 한편 마약 밀매 조직의 수뇌부 회의 때 폭발 사고가 일어나면서 조직의 주요 인물들이 죽게 된다. 오연옥(김성령)은 이 모든 것을 꾸민 이가 이 선생이라는 말을 남기고는 약물에 의해 타살당한다.

그 폭발 사건 중에 살아남는 사람이 있었는데 그가 바로 서영락(류준열), 일명 중간 연락책을 맡고 있는 '락'이었다. 그가 중국과의 마약 거래를 성사시키기 위해 중국과 한국을 오가던 중에 일어난 일이라서 조원호는 이 선생을 잡기 위해 그를 데리고 마약 거래를 시도하며, 이 선생의 실체에 하나하나씩 접근해나간다.

그러던 중에 자신이 이 선생이라고 하는 사람이 있으니, 바로 브라이언(차승원) 이사다. 결국 폭발 사고를 낸 것도 브라이언 이사였고, 그 사고로 인해 락의 어머니가 죽고, 그의 개가 화상을 입게 된다.

자신이 이 선생이라고 당당하게 말한 브라이언에게 원호는 이같이 말한다.

"하나의 실체를 오래 쫓다 보면 이상한 신념이 생기는데, 이 신념으로 볼 때 당신은 절대 이 선생이 아니다."

그의 말처럼 영화에서 이 선생은 브라이언이 아닌 서영락으로 밝혀지고, 서영락은 브라이언을 잔인하게 죽이면서 당신처럼 이 선생을 흉내 낸 사람이 9명이 넘는다고 전한다.

이 이야기를 모르는 사람들은 겉으로는 브라이언의 죽음을 통해 일명 '이 선생 사건'이 세상에서 종결된 것처럼 안다. 하지만 원호는 모든 것을 버리고 자신의 신념을 쫓아 이국의 땅에서 서영락을 다시 만난다. 둘은 커피 한잔을 끝내고 보이지 않는 한 발의 총소리를 남기며 영화는 끝난다.

당시 확장판(extended cut)을 떠나 극장에서 개봉되었을 때 이 영화에 대해서는 호불호가 강하게 나누어졌다. 하지만 영화의 내러티브 전개 방식과 대사의 전달 방식을 볼 때, 이 영화는 우리에게 많은 것들을 생각하게 만든다.

'실체 없이 신념을 쫓는 사람' vs '신념 없는 믿음을 믿는 사람'

이 영화의 가장 핵심 주제는 '실체 없이 신념을 쫓는 사람'과 '신념 없는 믿음'에 관한 부분이다. '신념 없는 믿음'보다는 실체가 보이지 않아도 '실체 없이' 신념을 쫓는 사람들이 이 영화를 더욱 풍요롭게 만든다.

'신념'이라는 단어는 철학적으로 매우 중요한 의미를 지닌다. 신념은 관념을 형성하는 어떤 방식을 의미하는데 관념은 철학에서 지성과 연결되기 때문이다. 신념은 유추의 결과이기는 하지만 단순히 상상이나 허구의 산출이 아니다.

수아미(A. Suhamy)는 관념들을 표상하는 것이 지성이라면서 이 지성은 긍정이나 부정하지 않는 상태의 관념이라고 전한다. 때문에 중간이나 마지막 장면에서 서영락을 바라보는 원호는 그의 존재에 대해 긍정이나 부정의 모습을 보이지 않는다.

여기서 우리는 상상과 관념을 혼동해서는 안 된다. 상상은 하나의 단상에 대한 부분이라면, 관념은 일종의 오래 쌓이고 쌓인 '적상'이다. 이 신념은 느낌이나 정서로 이해될 수 있으며, 결국 우리 '감정'이라는 것으로 귀결된다.

이 선생이라는 보이지 않는 실체를 쫓는 원호가 결국 이 선생이라는 실체를 만날 수 있었던 것은 원호가 상상이 아닌 신념을 가졌기 때문이다. 그리고 브라이언 같은 이 선생의 실체를 흥

내 내는 사람들은 결국 신념이 없는 '믿음'을 가졌기 때문에 자신의 정체성을 버리고 권력화된 타인의 정체성으로 머물기를 선택했다. 신념은 단일한 믿음의 화석화된 결과가 아니다.

브라이언 이사는 영화에서 지속적으로 '믿음'으로 극복할 수 있다고 말하지만 그것은 우리가 숭고하게 생각하는 '믿음'과 거리가 멀다. 대상에 대한 실체의 신념을 갖기 위해서는 먼저 '믿음의 역동성'이 선행되어야 한다.

단일한 믿음으로 굳어진 신념은 실체 없는 정체성들을 만들어 내

그냥 믿어 버린 실체 없는 실체들은 더 많은 '상상'들을 자아내며, 잘못된 신념을 만들어 버린다. 그래서 결국 의심 없고 역동적이지 않는 믿음들은 '실체 없는' 정체성들을 만들어 내고, 우리는 마치 그것이 나의 정체성인 양 믿으며 내가 이 선생이 되어 살아가거나 그러한 정체성들을 의심하지 않고 믿어 버린다.

어느 학자는 믿음은 믿음 자체에 대한 의심이 포함된 것이라고 말한다. 그러한 의심이 믿음의 역동성을 만들어 내며, 더 나아가 신념을 형성하게 만든다. 신념을 가지게 되면 믿음은 지속적으로 신념과 비교하면서 더 큰 역동성을 만들어 본질에 더 가까이 다가선다.

마지막 엔딩 신(scene), 즉 커피를 마시며 이야기를 나누는 장면에서 원호는 이 선생에게 정말 행복한 적이 있었느냐고 질문하면서 눈물을 글썽거리는데, 무언가 허무한 감정 상태를 자아낸다.

서영락의 이름과 이 선생의 이름은 이런 허무와 연결된다. 서영락은 처음부터 자신만을 위해 주어진 이름이 아닌 입양되기 전 양부모의 아들이 죽기 전에 썼던 이름을 그대로 받은 것이다. 때문에 서영락이라는 이름은 하나의 실체에 대한 고유성의 의미가 없다. 물론 이름 자체는 대부분 개명하지 않는 이상, 우리가 스스로 선택해서 고른 것이 아니다.

그런 의미에서 이 선생은 과연 서영락이 만든 것일까, 아님 실체가 보이지 않는다는 이유로 우리가 점차 상상 속에서 만들어 낸 것일까. 여기서 원호는 그토록 자신의 모든 것을 걸고 찾아 헤맨 이 선생을 찾고도 왜 눈물을 글썽이며 허무해하는 걸까.

'이 선생'에게 속지 않기

영화에서는 대부분의 장면에서 각 개인들의 사소한 일상들의 면모가 보이지 않는다. 모든 장면은 거대한 외부의 목적을 위해 살아가는 인간들의 모습이나 이에 좌절되어 마약이라는 순간적 쾌락에 절어 사는 사람들의 모습들만 나누어 보여 준다.

원호는 목표로 세운 이 선생을 신념에 따라 찾았지만 그 신념에는 타인의 실체에 대한 관심뿐, 자신의 실체를 알아보는 '공간'이 빠져 있었다. 때문에 전반부에서 그는 배고픔을 패스트푸드점에서 허겁지겁 햄버거로 때우는 모습을 보여준다. 그는 사회적 관계 속에서 형성된 '식욕'을 잊어버리고, 비어 있는 위장만을 채우는 '배고픔'만을 달래며, 자신의 내면을 점점 잃어 간 것이다.

그러니 자신이 그토록 찾아 헤매던 이 선생을 만났을 때 그가 마주한 감정은 과정에서 이어진 목적에 대한 성취보다 깊은 허무감이다. 지금 우리는 어떤가. 각각의 실체들은 먼저 자신의 실체를 살피고 그다음 타인의 실체를 살펴야 한다. 그 살피는 과정은 외부에서 밀려들어 오는 무엇이 아니라, 자신의 내면에서 오랫동안 생각하며 쌓아 온 내면의 신념을 바탕으로 나가길 희망한다.

이제 모두가 희망하는 '이 선생'에게 점점 멀어져 가 보는 것은 어떨까. 그럴 때 우리는 실체가 보이지 않는다고 가짜 '이 선생'을 쉽게 믿지도 않을 것이며, 그런 내가 아닌 '이 선생'이 되려고 노력하지도 않을 것이다.

사랑과 정의를 위한
'번역자'가 되어야

영화 〈아이 캔 스피크〉

i Can Speak, 2017

최초 일어난 사건은 잔혹한 사건이건 아름다운 사건이건 모두 오염되지 않은 '순수 최초 사건'에 기인한다. 하지만 시간이 지나면서 잔혹한 사건이 잔혹하게 보이지 않거나, 아름다운 사건이 아름답게 보이지 않는 경우들이 있다. 왜 그런 것일까. 이런 물음들을 만드는 영화가 있다. 바로 〈아이 캔 스피크〉이다.

아이 캔 스피크 잉글리시가 아닌 아이 캔 스피크

옥분(나문희)은 시장의 한 골목에서 옷 수선집을 운영하며 살아간다. 하지만 그는 옷 수선만 하는 것이 아니다. 시장 구석구석을 휘저으며, 준법정신에 어긋난 것이 자기 눈에 들어오면 무조건 구청에 민원을 넣는 바람에 모든 사람들이 그를 두려워한다.

이런 옥분은 늦은 나이에도 불구하고 남몰래 혼자 공부하는 게 있다. 바로 영어다. 혹자는 이 영화 제목을 '아이 캔 스피크 잉글리시'라고 기억하는 사람들도 있는데, 영화는 제목에서 잉글리시를 빼고 있다. 조금 더 스토리를 살펴보자.

나옥분은 여느 날과 마찬가지로 민원 덩어리를 가지고 구청을 찾아갔다가 우연히 새로 전입해 온 9급 박민재(이제훈)를 만난다. 토익 950점의 유창한 영어 실력을 갖추고 있는 그를 만나면서 우여곡절 끝에 그에게 영어를 배우게 되고, 둘의 사이는 가까워진다.

다른 한편으로 옥분은 정심(손숙)이라는 친구를 자주 만나는데, 정심은 다름 아닌 위안부 때 만난 친구다. 정심은 자신들이 당한 일본의 잔혹한 위안부 피해 사실을 알리기 위해 세계를 돌아다닌다. 이러한 피해 사실을 알리는 단체에서 일하는 금주(김소진)는 옥분도 이 운동에 함께해 주길 바라지만 옥분은 수십 년간 자신의 절대적 치부인 위안부 사건을 감추며 살아간다.

하지만 위안부 할머니들이 하나둘씩 세상을 떠나고, 정심도 점점 기억에 대한 장애가 생기면서 더 이상 위안부 피해 사실을 알릴 수 있는 사람들이 없게 되자, 옥분은 자신이 목숨과도 같이 숨겼던 위안부 여성이라는 사실을 공개한다.

옥분은 이를 위해 미국 의회 증언에 나서게 되고, 그동안 배운 영어를 바탕으로 자신의 위안부 사건을 낱낱이 공개한다.

이렇게 자신의 모든 삶을 낱낱이 공개해야 하고 영어까지 배워야 하는 어려운 일을 친구 정심은 어떻게 먼저 시작할 수 있었을까.

그것은 정심이 어느 증언에서 자신이 한 말들을 통역사가 그대로 전하지 않는 데서 시작한다. 통역사는 쌀밥 배불리 먹기위해 그들이 스스로 위안부에 들어갔다는 말을 하게 되고, 그때부터 정심은 영어 공부를 하게 된다.

옥분도 영화에서 영어를 공부하는 이유가 마치 미국에 사는 잃어버린 동생을 만나기 위해 하는 것처럼 보이지만, 언젠가 자신이 정심 대신 이 일을 해야 될 수도 있다는 것을 알고 있다는 표현 속에서 정심과 같은 이유였다는 것을 드러낸다.

'순수 언어'를 번역자의 언어로 표현하기

여기서 우리가 놓치면 안 되는 영화의 중요한 요소가 숨어 있다. 바로 통역 또는 번역자의 과제가 우리에게 무언가를 생각하게 만든다는 것. 위에서 언급한 최초의 사건은 모두 무엇으로부터 오염되지 않은 사건이다. 하지만 이러한 사건들을 전달하거나 받을 때 우리는 물리적 또는 환경적 영향으로부터 자유롭지 못하여, 번역자 혹은 통역사를 찾게 될 수 있다.

발터 벤야민(W, Benjamin)은 그의 저서 『언어 일반과 인간의 언어 에 대하여』를 통해 번역 혹은 통역의 궁극적 과제는 '진리의 언어'를 드러냄과 동시에 원작에서 상징적으로 표현되는 '순수 언어'를 번역자의 언어로 표현함으로써 원작의 언어를 '보완'하는 데 있다고 말한다.

이 말을 쉽게 풀이해 보면 위에서 언급한 통역사나 번역자의 임무는 원작을 이해하지 못하는 '독자'에게 중심적으로 맞추어져 있는 것이 아니라, 원작 그 자체를 제대로 전달하는 것에 있다. 하지만 우리는 살면서 '순수 언어' 혹은 '순수 최초 사건'보다는 그것을 궁금해하는 '독자'에게 관심을 갖다 보니, 그것을 전달하는 우리는 항상 최초의 순수 언어와 순수 최초 사건을 잊어버리고 자신과 독자의 구미에 맞는 것으로 맞추어 버린다.

이 영화에서 처음에는 많은 오해와 갈등이 있었지만 결말에서 번역자의 과제를 제대로 수행하는 인물로 등장하는 것이 박민재(이재훈)이다. 박민재는 옥분 할머니가 자신의 남동생과의 만남을 학수고대하고 있다는 사실을 알게 되고는 처음 할머니를 위해 남동생에게 전화를 건다.

그러곤 남동생의 냉랭한 반응과 자신은 누나 옥분을 궁금하지도, 찾지도 않으니까 다음부터 연락도 하지 말라는 이야기에 실망하고는 통역이나 번역자의 지휘를 스스로 박탈한다.

문화는 우리를 어떻게 위로하는가

번역자의 과제 수행하기

민재는 중간에 이 일을 포기할까 생각도 하지만 할머니가 위안부의 피해자라는 사실을 알게 되면서 지속적으로 그 동생에게 연락하여 할머니가 그를 만나고 싶어 한다고 매달린다. 그리고 민재는 구청 직원들과 힘을 합쳐 할머니가 의회에서 증언할 수 있도록 서명 운동에 나서는 한편, 할머니가 위안부였다는 절대적 증거의 사진을 미국의회에 직접 전달함으로써, 할머니가 증언할 수 있는 기회를 갖게 만든다.

민재가 단순히 할머니의 기분만을 위해 행했다면, 아마도 그는 중간에 행동을 멈추었을 것이다. 하지만 민재가 끝까지 할머니를 도왔던 것은 벤야민이 이야기하는 '번역자의 과제'를 잘 이해했기 때문이다.

민재는 자신의 역할이 무엇보다 위안부 할머니들이 당한 억울하고 부당한 '최초의 순수 사건'을 의역되지 않고 최초의 순수 언어 그 자체를 살리는 것처럼 있는 그대로를 전달하는 것이라는 맘의 움직임이 생긴 것이다.

벤야민은 넓은 의미에서 번역에 대한 정의를 '수용이면서 동시에 자발성'을 뜻한다고 말한다. 여기서 우리가 알아야 될 또 한 가지가 통역이나 번역에서 가장 중요한 것이 '의역'이 아닌 '직역'이라는 것이다.

언뜻 보면 위에서는 번역자의 언어로 표현하라고 하면서 '의역'이 아닌 '직역'이라는 말이 쉽게 다가서지 않을 수도 있다. 하지만 벤야민이 이야기한 것처럼 순수 언어나 순수 사건에 대해 그것을 제대로 전달하기 위한 '보완'의 차원에서 번역자의 언어로 표현하라는 의미이다.

할머니가 영어를 배우려고 한 이유도 자신이 느낀 그 감정 그대로를 순수 언어 그 자체 '속에서' 온전히 전달하고 싶었던 것이다. 과연 이 번역과 통역이 외국어에 대해서만 해당될까. 당연히 그렇지 않다.

우리는 우리끼리 사용하는 모국어 속에서도 서로 이해하지 못해, 누군가의 도움으로 번역과 통역이 일어나고 있음을 잊지 말자. 반대로 우리가 그 통역과 번역자의 역할도 하고 있음을 상기하자. 우리 모두가 진리의 언어 속에서 이미 번역자로 살아가고 있기 때문이다.

상대가 편한 '의역' 아닌 '직역'으로 나가야

우리가 번역해야 될 대상은 또는 우리가 통역해야 될 대상은 현현한 눈으로 우리의 도움을 청하는 모든 사람이며, 그들의 아픔을 나도 모르는 다른 의도가 끼지 못하게 '순수 언어'와 '진리 언어'를 기억하며 단지 듣는 상대가 편한 '의역' 아닌 본래의 순수 사건이 간직한 '직역'으로 나가야 한다.

옥분 할머니와 갈등을 빚고 있었던 족발집 아가씨가 옥분 할머니의 위안부 증언에 대한 소식을 듣고 단번에 그와 갈등이 풀린 것은 그 개인의 아픔과 우리 역사라는 거대 아픔을 동시에 지고 있는 할머니를 느꼈기 때문이다.

그리고 옥분 할머니의 증언은 자신이 죽기보다도 싫어했던 치부를 드러내어 '진리의 언어' 속에서 '진실'을 밝히는 데 있다. 할머니를 향한 시장 사람들의 격려와 지지는 모두 번역자들로서 자신들의 존재적 증명을 하고 있는 것이다.

여기서 줄곧 영어에 대해 이야기했던 '아이 캔 스피크 잉글리시'가 보다 넓은 의미의 '아이 캔 스피크'로 확대된다. 우리는 진리를 망각하거나 잊어버리고 살게 되면, 마치 '아이 캔 스피크는 잉글리시지' 하는 기계적 사회화에 경직될 수 있다.

하지만 우리가 말할 수 있는 것은 영어를 통한 또는 다른 언어를 통한 이 세상의 진리이며, 우리가 지키고 간직해야 하는 '정의'와 '사랑'이다. 이 보편성을 우리가 잊지 않는다면, 그리고 모두가 번역자의 과제를 충실히 이행한다면, 어떤 주제이든 어떤 담론이든 우리는 '외칠 수 있을 것이다.

"아이 캔 스피크!"

고독이 주는
풍요로움에 대해

▌『고독의 위로』
앤서니 스토의, 1996

"바쁘게 돌아가는 세상에서 우리 모두 좋은 본성과 너무도 오 랫동안 떨어져 시들어 가고, 일에 지치고, 쾌락에 전력이 났을 때, 고독은 얼마나 반갑고 고마운가."

_윌리엄 워즈워스

날씨가 추워지고 옷깃을 더욱 안으로 여미게 되는 겨울이 되면, 여기저기 외로움과 고독함을 느끼며 힘들다고 말하는 이들이 있다. 결혼을 못 했거나, 애인이 없어서, 또는 친한 동료나 친구가 없어서, 그래서 늘 혼자라서 외롭고 고독하다고 말하는 이들.

어느 한 드라마에서 여자 주인공이 헤어진 남자 주인공 때문에 울면서 대사를 뱉어 낸다.

"너무 고독해서 죽을 것 같아."

이 드라마의 정황상 여자 주인공이 죽을 것 같은 이유는 사실 고독이 아니라 외로움이다.

또는 반면 주변에 많은 사람들 속에서 있기보다는 혼자의 시간을 즐기는 사람들이나 혼자의 시간을 절대적으로 필요로 하고, 혼자 있는 시간 속에서 다양한 것들을 느끼는 사람들은 외로움을 좋아하는 것이 아니라 고독을 느끼길 원하는 것이다.

맹목적 대상관계에서 벗어나기

우리에게 겨울은 한 해를 보내고 한 해를 여는 계절이다. 이런 계절에는 우리가 한 해를 보내기 전 한 해를 정리하며 내가 겪었던 것이 외로움이었는지 아니면 고독이었는지 정리하는 시간이 필요하다. 외로움과 고독의 차이는 무엇일까. 우리는 종종 외로움과 고독을 혼동할 때가 많다.

『고독의 위로』의 저자 앤서니 스토는 인생의 의미를 오로지 인간관계에 달려 있다고 주장하는 맹목적 '대상관계' 추종자들을 거부한다. 이런 추종자들은 사람들에게 집착하게 되고 사람들의 작은 반응에도 매우 민감하게 여기며 자신 이전에 사람들의 관계를 먼저 신경 쓴다. 사람이 살아가는 곳에서 어찌 인간관계가 중요하지 않을 수 있겠는가. 그러나 저자는 인간관계뿐만 아니라 인간관계 이외의 그 너머의 것들도 매우 중요하고 강조한다.

앤서니 스토는 외로움과 고독의 차이에 대해 상세히 설명하지는 않지만 인간관계 이외의 중요한 것 중 하나가 '고독'이라는 것에 대해서는 주저하지 않고 강조한다. 여기서 우리가 조금 더 깊게 생각해 보면 외로움과 고독의 차이를 발견할 수 있다. 외로움이란 '대상관계'에서 파생된 외부적 요인이라면 '고독'은 내적 자아에서 느껴지는 그 무엇이다.

고독해지라고 강조한 사람은 앤서니 스토만이 아니다. 이미 오래전에 라이너 마리아 릴케가 『젊은 시인에게 보내는 편지』에서 고독해지라고 권면하고 있다. 고독해질 때 더욱 자신의 개성이 발현된다고 전한다. 또한 문장 앞에서 썼던 영국의 시인 윌리엄 워즈워스도 고독의 중요성을 강조했다.

자기 자신의 이해를 먼저 살피지 않고 환경에 의해 먼저 만들어진 것들을 앞서 신경 쓸 때 우리는 우리가 진정 원하는 것들을 잃어버리고, 만들어 놓은 환경이 추구하는 삶을 살 수도 있게 된다.

릴케는 책에서 다음과 같이 전한다.

"사랑이란 자신을 사랑하는 사람을 위한 강도 높고도 심오한 고독인 것, 무엇보다 사랑한다는 것은 전혀 융합이나 헌신 그리고 상대방과 하나가 되는 것을 뜻하지 않는다. 사랑은 개인이 성숙하기 위한, 자기 안에서 무엇이 되기 위한, 하나의 세계가 되기 위한, 즉 상대방을 위해 자체로서 하나의 세계가 되기 위한 숭고한 동기이며, 사랑은 개인에게 주어지는 위대하고도 가혹한 요구다."

개인화 과정'을 거쳐야

즉, 이 말은 단순히 육체나 정신적으로 하나를 이루는 것이 사랑이 아니라는 뜻이다. 사랑하는 사람이라면 내가 이야기하는 것에 무조건 동조해 주어야 하는 것이 아니라, '그의 세계가 되어 주는 것'인데, 그러기 위해서는 나의 세계가 먼저 확립되어야 한다.

누군가에게 단순히 동화되는 것이 아니라 그 상대에게 하나의 세계가 되어 주기 위해서는 내가 나를 정확히 이해하고 있어야 하며, 나를 이해하는 과정으로 고독이 필요한 것이다.

우리가 '고독'을 대부분 염세적이나 회의적으로 생각할 때가 있는데, 이는 고독을 '절대고독'이 아닌 '상대고독'이나 외로움으로 이해했기 때문이다. 그럼 상대고독과 절대고독은 어떻게 다른가.

둘 다 내면에 대한 인식으로 이해할 수 있지만 상대고독의 경우 외부적 세계에 대한 1차적 경험만을 중시하여 자신의 내면 세계를 찾아본다. 하지만 여기서 말하는 절대고독은 단일한 외부의 1차적 경험만이 아니라 내적 자아에서 여러 요소가 함께 교차하며 오랜 시간 속에서 이루어지는 과정으로, 이를 통해 외부 세계와 조우하여 '통합'이라는 것을 이룬다.

심리학자 융(Carl Gustav Jung)은 이 과정을 위해 '개인화 과정'을 거쳐야 한다고 말한다. 여기서 '통합'은 의식과 무의식의 융합을 의미하며, 꿈과 공상을 비롯해 무의식의 파생물로 나타내는 여러 가지 정신 구조 내면의 목소리에 귀 기울이는 것이 '개인화 과정'이다.

물론 고독이 무조건 긍정적 측면만을 가지고 있는 것은 아니다. 고독 역시도 지나치게 편중하면 정신질환을 앓게 될 수도 있으며, 외부 세계를 받아들이는 내재화(內在化, internalization)와도 구별되어야 한다.

고독이 주는 유익함

그럼 고독이 주는 장점은 무엇일까. 무엇 때문에 우리는 고독해야 하는 것일까. 앤서니 스토는 고독을 통해 가질 수 있는 것은 창조적인 힘, 대양을 느낄 수 있는 황홀함 등이라고 말하고 있다. 또 무엇보다 서로 이해하고 이해받을 수 있는 힘의 원천이 고독에서 온다고 생각한다.

부자가 가난해진 경험이 없다면 가난한 사람의 고통을 알 수 없으며, 가난한 사람 역시 부자들의 고통을 알 수 없다. 그러나 내적 고독을 통한 상상이나 공상은 경험 없는 외적 대상을 형상화하게 한다.

그를 통해 실재하는 외부 세계와 조우할 때 우리는 우리가 경험했던 세계에서만 의존하지 않고 상대를 바라볼 수 있다. 즉 누군가 한 번도 절대빈곤자의 처지를 경험해 본 적 없다고 치자. 그런 사람들에 대해 자신이 상상력을 발휘하여 고독의 시간을 갖고 그들의 어려움을 그려 보았다면, 그들을 만났을 때 그냥 지나치지 않을 것이다.

진정한 고독은 외로움 자체가 아니라 외로움을 극복하고 세상을 좀 더 다양하고 풍요롭게 만들어 준다. 또한 고독을 건강하게 받아들이면 혼자라는 것이 사람들로부터 버림받은 것이 아니라 내가 나 자신을 좀 더 잘 이해하고 즐길 수 있는 그 무엇이 된다. 이제 매몰되었던 '대상관계'에서 조금 자유로워져 나만의 고독을 즐겨 보는 것은 어떨까.

연말 또는 명절이나 주말에 나 하나 불러 주는 곳이 없어 외롭게 느끼기보다는 의미 없는 수많은 모임 때문에 고독을 느낄 수 없는 시간에 안타까워해 보자. 나의 내면은 이런 고독을 통해 나를 더욱 성찰시키고 나 자신의 마음속 진정한 목소리를 듣게 해 줄 것이다.

침묵의 세계 속에서
'진리' 발견하기

『침묵의 세계』
막스 피카르트, 2010

아침에 눈을 떴을 때 당신은 무엇을 먼저 하는가. 라디오를 켜서 볼륨을 높이거나 TV 리모컨을 가장 먼저 누르지는 않는가. 아니면 이미 나와의 의지와 상관없이 주변의 다양한 소음으로부터 아침을 시작하지는 않는가. 출근길 역시 라디오나 스마트 폰으로 무언가 계속 듣고 보고 있지 않은가.

때로는 사람들과의 만남 속에서 중간에 이야기라도 끊어지면 매우 어색할까 두려워 끊임없이 이야기를 생성해 내고는 있지 않은가. 이제 모든 일과를 마치고 잠자리에 들 때조차도 TV나 라디오를 켜고 자지는 않는가. 혹 이 중에 적용되는 사례가 있다면 당신은 침묵과의 대면을 두려워하는 것일 수 있다.

태초에 침묵이 있었다

"태초에 침묵이 있었다."

『침묵의 세계』 저자 막스 피카르트는 태초에 말이 먼저 존재했던 것이 아니라 침묵이 먼저 존재했다고 설명한다. 말하는 것과 듣는 것에 너무나 익숙한 우리에게 침묵이 하나의 존재론적 세계를 형성하고 있다는 것이 쉽게 와 닿지는 않는다.

그러나 우리의 생각을 조금만 뒤집으면 그가 말하는 침묵의 세계가 우리가 늘 함께 있었고, 우리의 삶에 매우 큰 요소임을 깨닫게 된다. '생산과 소비'의 현대 사회에서 말하지 않고 가만히 있는 것이 뭐 대단한 것이냐고 생각할 수 있으나 막스 피카르트는 말하지 않는 것이 단순히 침묵이 아니라고 전한다.

우리가 무의식 속에 생각하는 침묵은 말과 대립하는 존재로 여길 때가 많다. 더욱이 말은 침묵이 생성되고 난 후 태어난 것이지만 침묵을 말의 하위 개념이나 종속 개념으로 놓는 경우가 지배적이다. 하지만 말과 침묵은 대립의 관계가 아닌 유기적 관계임을 책은 지속적으로 강조한다.

그리고 침묵이 말과 문자보다 더 큰 세계라는 것은 말을 통해서 진리가 그 모습을 드러내는 관계 속에서도 찾을 수 있다. 다시 말하면 말이 진리를 말해 주는 것이 아니라, 진리가 말의 존재적 연속성을 유지시켜 주는 것이다.

여기서 침묵이 필요한 이유는 침묵 없이 진행되는 진리는 말에 의해 그 진리가 개개의 영역으로 머물게 되며, 다양한 연계성을 이어 갈 수 없다는 데 있다. 왜냐하면 한 영역의 지속적인 말은 진리는 감추고, 다른 영역들의 말들과 어울림을 방해하기 때문이다.

침묵이 없는 진리는 개별 진리로 한정된다

때로는 우리가 던진 말과 문자가 우리가 의도한 것보다 더 귀한 의미로 다가설 때가 있다. 그것은 우리가 말하는 언어 속에 이미 진리가 존재하기 때문인데, 때로는 하나의 진리를 품고 던진 언어에 그 언어보다 더 많은 것들이 해석되기도 하며, 그 안에 한 가지 진리 외에 다양한 진리들을 발견할 때가 있다. 하나의 진리가 하나의 진리로 끝나지 않고 또 다른 진리를 낳거나 연계될 수 있는 것은 침묵의 세계가 있기 때문이다.

이러한 것들이 쉽게 와 닿지 않는다면 다른 예를 들어 보자. 우리가 멋진 자연의 장관을 볼 때가 있는데 어떤 풍경은 그 훌륭함을 말로 다 표현하지 못할 때가 있다. 그것은 대상이 말에 미치지 못해서가 아니라, 말이 대상에 미치지 못하기 때문이고 그 장관이 주는 자연에 대한 진리는 말 자체로 온전히 전달되는 것이 아니라 침묵의 배경 아래 그 존재가 유지되는 것이다.

막스 피카르트는 이러한 이유로 똑같은 말이라도 침묵에서 나오게 되면 언제나 새로운 것으로 나타나며, 그 때문에 진리는 늘 똑같은 말과 문자로 표현되어도 경직되지 않는다고 전한다.

예를 들어 보자. 우리가 늘 말하는 '어머니'라는 단어가 있다. 이 단어는 기본적으로 생물학적 또는 사전이 정의하는 의미가 있지만, 침묵의 시간을 보낸 후 어떤 상황에 '어머니'라는 외마디 외침은 그간의 모든 갈등과 고통을 씻어 줄 때도 있으며, '어머니'라고 부를 때 자신의 존재적 의미를 깨닫기도 한다.

소음과 잡음어

침묵이 점점 사라지고 있는 이 세상에서 어머니의 말과 문자는 어떻게 전달될까. 이에 대해 저자는 소음과 잡음어를 구별하여 설명하고 있다. 소음은 침묵의 대립적 요소이긴 하지만 침묵의 시간을 끝내고 던지는 데 있어 공간학적 한계를 나타낼 뿐 '어머니' 속에 자신이 침묵에서 가지고 있던 의미가 사라지는 것은 아니다.

하지만 잡음어는 음향학적 현상이 아니다. 이것은 공간과 시간의 모든 요소까지 잠식해 버린다.

잡음어는 어떤 세상에 획일적이고 의미 없는 반복적 행위들의 요체이다. 하나의 지껄임이 나오고 잠시 침묵의 시간을 통해 그 지껄임을 생각해 수정하고 다시 내뱉는 것이 아니라, 잡음어는 하나의 지껄임이 나오고 그 지껄임을 그대로 수용하여 다른 지껄임을 연결해 내뱉는 것이다.

단적인 예로 최근 지속적으로 인기를 얻고 있는 소셜 네트워크 서비스(SNS: Social Network Service)를 들 수 있다. 긍정적인 측면도 있지만, 부정적 측면을 살펴보면 무언가를 침묵할 생각의 여지없이 그때그때 일어난 상황을 실시간으로 누가 더 빠르게 올리는지가 관건이다.

침묵이 없는 실시간 서비스를 통해 우리는 즉각적인 생각들을 더 빠르게 확산시키고, 그 안에서 침묵을 통한 시간들은 점점 소멸해 간다. 때문에 막스 피카르트의 용어를 그대로 차용해 쓴다면, 지껄임은 현상 너머의 '인식'을 생각하지 못한 채 그 현상에만 몰두하게 된다.

그 지껄임들 안에 타인에 대한 생각은커녕 자신의 내면세계를 뒤돌아볼 겨를조차 없이 오직 '좋아요'만을 누르게 만든다. 내가 올린 SNS 내용에 대한 타인의 즉각적 반응이 오지 않을 때, 우리는 좌절한다. 이러한 잡음어는 결국 말과 침묵을 와해시키고 말과 침묵을 대립의 세계로 몰고 간다. 오늘날 대부분의 갈등은 의미의 규정을 대립 또는 정반합의 변증법적 방법론에서만 찾고 있다.

아무도 태초에 침묵이 먼저 존재했다고 믿는 사람이 없으며, 이제는 주변의 끊임없이 무언가 토해 내는 사람들로 인해 태초에 침묵의 세계가 있었다는 것을 잃어버린 채, 우리의 생각들은 점점 그들과 같이 동화되고 더 나아가 외부에서 들려오는 소리가 없으면 불안하고 초조해지기까지 한다.

동일화된 즉각적인 소비적 언어에서 벗어나야

침묵의 세계가 점점 소멸해 가는 가장 큰 원인은 끊임없는 '소비'의 논리에 있다. 이미 소비주의 시대에 들어온 우리에게 물질적 소비를 통해 나를 드러내는 것은 물론 이제는 언어의 부분까지 지속적으로 소비하지 못하면, 능력이 없는 자나 시대에 도태된 자로 인식되게 만든다. 더욱이 세상은 침묵하는 사람을 기다려 주지 않는다.

학교에서, 학회에서, 회사에서, 사회에서 즉각적 반응으로 언어가 이어지지 않는 침묵은 그저 무능의 표시일 뿐이다. 하지만 이러한 침묵이 없는 언어의 소비는 나만의 생각을 잠식시키고, 내가 행한 언어적 표현은 동일화된 가치의 목표 안에 동일자로 인식될 뿐이다.

아침에 일어나 이제 모든 스위치를 켜기 전 침묵의 세계에 빠져 보는 것은 어떨까. 자신이 오늘 무엇을 진정으로 해야 하는지 떠오를 것이며, 오늘 잠자리에 들기 전 침묵의 세계에 들어가면 오늘 자신의 내면에서 하지 못했던 내 안의 이야기가 피어오른다.

그리고 사람들과의 미팅 사이에서도 슬슬 그 대화와 대화의 간극을 침묵의 세계에 맡겨 보는 것은 어떨까. 그가 미처 생각지도 못한, 혹은 내가 미처 생각하지 못한 진리 또는 진실이 그 침묵 속에서 새롭게 정제되고 태어나 각자의 나만의 언어로 말할 수 있지 않을까. 이제 침묵의 세계 속에서 더 풍부한 진리의 언어를 깨닫게 되었다면, 당신도 이제 침묵이라는 하나의 세계를 형성하고 있음에 더 이상 놀랄 것이 없다.

'믿음'에 관한
독전의 또 다른 단상   • 영화 〈독전〉 다시 보기(2)

영화 〈독전〉

Believer, 2018

    우리는 영화나 소설 혹은 음악이나 미술 등의 문화를 종종 접할 때가 있다. 그럴 때 때로는 이해가 쉽게 가지 않아 유명한 사람의 평론이나 다른 사람들이 해석해 놓은 것들을 찾아보며, 그들의 해석에 자신을 맡긴다. 하지만 그들의 해석을 무조건 다 믿고 따르는 것은 어리석다. 문화란 다양한 사람들이 각자의 느낀 것들을 최대한 풍성하게 만들어 주어야 하는 책무를 지니기 때문이다.

    그래서 영화 〈독전〉을 이미 썼음에도 불구하고 이 영화를 지난 내용과 조금 다른 시선으로 전개해 보기로 했다. 영화가 또 다른 관점에서 해석될 수 있음을 통해 좋은 작품일수록 하나의 단일한 견해로 남지 않고 우리를 다양한 소통의 장으로 이끌어 줌을 확인할 수 있다.

서로 다른 믿음의 구도

"저 못 믿으시잖아요."

"괜찮습니다. 전 팀장님 믿으니까."

독전의 영어 제목이 'Believer'이듯이 이 영화는 처음부터 오직 믿음에 대한 것만을 염두에 둔 채 펼쳐 나갔는지 모른다. 위에서 언급한 짤막한 대사는 영화 전체의 무게 중심을 잡아 주고 있다. 앞서 이 영화의 줄거리를 이야기했기 때문에 자세한 내용을 건너서 바로 이야기 중심 주제로 들어가 보자.

이 영화의 주인공은 누가 뭐라 해도 조원호 역할의 조진웅과 서영락 역할의 류준열이다. 위의 대사는 서영락이 형사인 조원호 팀장에게 하는 말이다. 서영락(일명 락)은 조원호 팀장이 자신을 믿지 않지만 '이 선생'을 잡기 위해 자신을 필요로 한다고 생각한다.

하지만 형사 원호는 서로 다른 구도를 가지고 있을 뿐 그도 이 선생을 잡기 위해 어떤 '믿음'이 없이는 여기까지 오지 못했다. 그럼 원호와 '락'의 믿음은 어떻게 다른 것인가?

같지만 다른 이 선생 찾기

형사 원호는 이 선생의 '실체'를 쫓고 있었고, 락은 이 선생이라 칭하는 '거짓된 자'를 찾고 있었다. 둘 다 이 선생을 찾고 있는 것은 맞으나 한쪽은 '실체'라는 사실을 또는 진리를 찾으려 했고, 락은 이 선생을 사칭한 '이 선생'을 찾고 있었다. 원본이 아우라 없는 사본을 찾고 있는 것이다.

이 이 선생을 찾기 위해 둘 다 선택한 방식은 '믿음'이었다. 이것을 버트런드 러셀(Bertrand Russell)이 이야기하는 '직접 대면에 의한 인식'과 '기술구에 의한 인식'으로 나누어 보면 좀 더 쉽게 다가올 수 있다.

이미 락은 원호라는 인물을 직접 대면하고 그에 대한 실체를 알면서, 그 믿음을 바탕으로 기표만 흉내 낸 가짜 이 선생을 찾아 나아간다. 하지만 형사 원호는 이 선생을 직접 대면한 적이 없기 때문에 그를 찾기 위해서는 기술구에 의한 인식의 접근으로 나갈 수밖에 없다. 이미 기술된 여러 정황들을 통해 이 선생을 찾아갈 수밖에 없다는 의미이다.

그러나 여기서 중요한 것은 기술구의 인식을 가든, 직접 대면을 가든 모든 '실체'에 대한 인식은 '믿음'을 바탕으로 한다는 러셀의 의견에 동조해야 영화 〈독전〉을 좀 더 재미있게 볼 수 있다는 점이다.

실체를 직접 대면한 적이 없는 원호가 이 선생을 찾아가는 방식은 기술구라는 이미 정해진 방식을 통해 '직접 대면'이라는 체험을 하지 않으면서도 그 대상의 사실이나 진리는 아는 것이지만 이것은 다른 측면으로는 '자명성'이라는 우리 안에 있는 '논리'를 바탕으로 이루어진 것이기도 하다.

실체를 직접 대면하지는 못했지만 원호는 자신이 믿음과 연결된 신념으로 이 선생을 반드시 찾을 수 있다고 확신한다.

본능적 믿음이 가지고 있는 합리적 권위에 대해

러셀은 이같이 말했다.

"우리는 어떤 다른 믿음에 근거하지 않고서는, 하나의 믿음을 거부할 수 있는 이유를 가질 수 없다."

브라이언 이사가 자신이 이 선생이라고 말했을 때, 원호는 말한다.

"어떤 한 인간을 X나게 집착하다 보면, 말로는 설명할 수 없는 이상한 신념 같은 게 생기거든? 근데 왜 난 뭔가 와 닿지가 않냐?"

원호가 이 선생이라고 칭하는 브라이언을 가짜 이 선생으로 생각하는 것은 추리의 원리를 이용한 '귀납'에 의해 형성된 것이 아니다. 이것은 버트런드 러셀이 주장하듯이 '본능적 믿음이 가지고 있는 합리적 권위에 의지'한 것이다.

러셀은 또 이렇게 말했다.

"어떤 하나의 믿음이 본능적이라면 그 믿음은 합리적 권위를 바탕으로 이루어진 것이며, 이 믿음에 대한 합리적 권위를 허용하지 않으면 믿음은 어떠한 경우에든 정당화될 수 없다."

때문에 원호는 자신이 형사임에도 불구하고 추리와 귀납의 소위 현대적 과학의 방식 대신에 자신에게 근거를 두고 있는 '자명성'을 바탕으로 이 선생을 찾아 나가고 가짜 이 선생까지 구별해 낸다. 그래서 우리는 원호의 '믿음'을 오해해서는 안 된다. 그가 '직접 대면'하지 않은 실체에 대해 이렇게 깊은 확신과 믿음을 가질 수 있는 데에는 그동안 수많은 틀릴 가능성에 대한 부딪힘과 좌절이 포함된다.

진리와 거짓에 대해

그리고 러셀이 주장하듯이 '진리론은 그 반대의 경우, 즉 거짓을 허용하는 그러한 이론'이어야만 한다. 이 말인즉슨 영화에서 보여 주듯이 원호가 진짜 이 선생을 만나기 위해서 수많은 거짓의 소문을 만났으며, 여러 거짓 이 선생 등을 만나는 수많은 고생 끝에 비로소 진짜 이 선생을 만날 수 있었다는 것이다.

역사적 관점에서 볼 때 믿음이라는 것이 우리 안에 합리적 권위를 허용하지 않았다면, 우리는 오직 직접 대면하는 실체 이외에 아무것도 확신할 수 없었을 것이며, 그런 바탕으로는 뭔가 새로운 접근들도 이루어 내지 못했을 것이다.

그런데 그토록 찾아 헤매던 이 선생을 만났을 때 원호는 왜 먹먹한 표정으로 눈시울을 붉혔을까? 여기에 직접 대면에 대한 오류가 있다. 비근한 예로 의자를 생각해 보자. 우리가 직접 대면한 의자는 우리가 만난 그대로의 의자 자체인가? 즉 우리가 느낀 것들은 의자라는 '실재'를 나타내 주는 것인가? 예를 들면 의자를 빛이 비추어 주는 각도에 따라 우리는 색상을 다르게 인식할 수밖에 없다. 그럼에도 불구하고 어떤 사람들은 하나의 각도에 비추어진 의자만을 인식한 채 그것을 의자의 전부로 생각하는 경우가 있다.

또 나무로 만든 의자의 겉 표면은 수평하게 되어 있다고 생각하지만 '실제' 직접 대면에서도 그것을 현미경으로 본다면, 나무 표면에 울퉁불퉁한 굴곡을 발견할 수 있을 것이다. 우리는 '실제'와 '실재'에 대해서도 많은 것들을 생각해야 한다.

때문에 과연 실재에 대한 실제는 무엇인가에 대해 우리는 고민할 수밖에 없다. 믿음에 출발한 여러 가지 정황이나 추리 또는 기술구로 인해 찾아낸 서영락, 즉 이 선생을 만났을 때 영호는

"이 정도면 저는 서영락입니까? 아닙니까?"

라는 서영락의 말을 의식한 듯 씁쓸한 모습을 자아낸다.

우리는 하나의 물체를 빛의 각도에 따라 혹은 주변의 환경에 따라 느끼지만, 그림을 그리는 화가는 그림을 담으려는 사물이 고유하게 뿜어내고 있는 그 자체를 담아내려 한다. 그 고유성을 담기 위해서는 우리는 기술구에 의한 믿음만으로도 안 되고, 직접 대면한 그 자체만의 확인으로도 뭔가 부족하다.

그래서 마지막 엔딩 신(scene)에서 마주한 장면은 서로가 뭔지 모르게 아쉬움으로 남는다. 원호가 기술구에 의한 믿음을 바탕으로 그를 만날 수 있었다면, 영락은 어떤 인식이나 추리 과정의 매개 없이 직접 대면한 것의 믿음을 바탕으로 원호를 만났다.

나의 '믿음'에 대해 살펴보기

결국 이 두 가지를 모두 함께 살피지 못한 서로의 믿음들에 대해 각자 느끼는 아쉬움은 클 수밖에 없다. 믿음에서 출발했지만 이 선생을 쫓는 방식은 귀납적 요소가 내재해 있으며, 어쩌면 과학만능주의에 살고 있는 우리에게 다양한 생각을 하게 만든다.

하나의 작은 물음들은 그 물음의 실체를 바라보는 자신의 믿음 없이, 지나치는 '현상'에만 몰두한 나머지 우리의 관심들은 결론을 얻었음에도 불구하고 너무 쉽게 휘발되어 눈앞에서 사라진다. 때문에 우리는 또다시 믿음 없는 자신의 불안감을 잊기 위해 부유하여 떠다니는 실체 없는 존재들의 물음에 기대어 살아가려 한다.

붉은 노을이 곧 어둠을 알리는 과정이나 월요일이 다가오는 일요일 밤에 우리는 무엇을 잃어버리고 살기에 다양한 불안감에 먹먹해하는 걸까. 오늘은 나로부터 출발하지 않았던 믿음들을 버리고 내게 이미 있는 나의 '믿음'에 대해 살펴보기로 하자.

모든 것들은 비록 그것이 틀릴 수도 있지만 나에게서 시작하는 믿음에 기대어 우리 앞에 있는 것들을 두려워 말고 시작해 보자. 그럴 때 마주하는 틀림과 거짓들은 좌절이 아닌 자신 없는 나의 믿음에 대해 점점 합리적 권위로 대답해 줄 것이다.